Impressum

Verlag: BABADADA GmbH, Nedderfeld 112 , 22529 Hamburg

Geschäftsführer / Verlagsleitung: Harald Hof

Druck: Books on Demand GmbH, In de Tarpen 42, 22848 Norderstedt

Imprint

Publisher: BABADADA GmbH, Nedderfeld 112 , 22529 Hamburg, Germany

Managing Director / Publishing direction: Harald Hof

Print: Books on Demand GmbH, In de Tarpen 42, 22848 Norderstedt

school
ကျောင်း

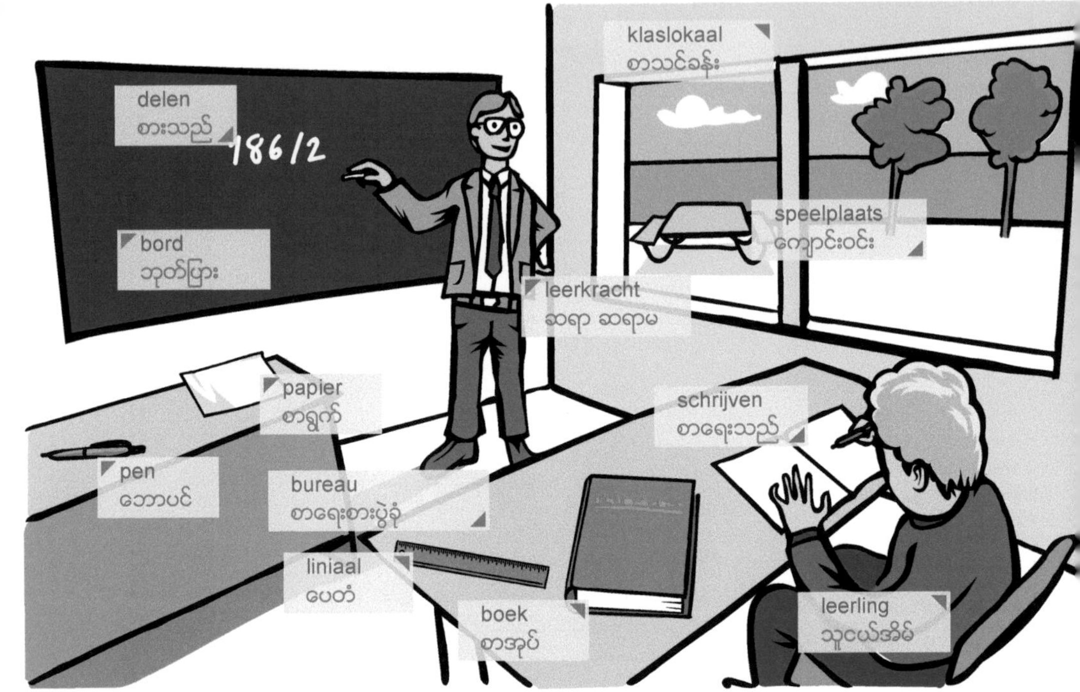
klaslokaal
စာသင်ခန်း
delen
စားသည်
186/2
speelplaats
ကျောင်းဝင်း
bord
ဘုတ်ပြား
leerkracht
ဆရာ ဆရာမ
papier
စာရွက်
schrijven
စာရေးသည်
pen
ဘောပင်
bureau
စာရေးစားပွဲခုံ
liniaal
ပေတံ
boek
စာအုပ်
leerling
သူငယ်အိမ်

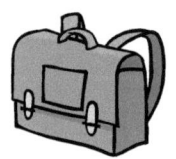

schooltas
အဖုံးပါ ဘေးလွယ်အိတ်

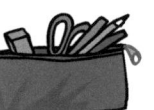

pennenzak
ခဲတံဗူး

potlood
ခဲတံ

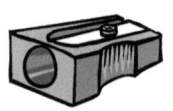

puntenslijper
ချွန်စက်

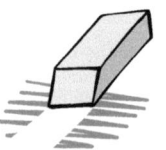

gom
ခဲဖျက်

tekenblok
ပုံဆွဲစာအုပ်

tekening

ပုံဆွဲခြင်း

verfborstel

ဆေးခြယ်သည့် စုပ်တံ

verfdoos

အရောင်စုံ ဖူး

schaar

ကပ်ကြေး

lijm

ကော်

werkboek

လေ့ကျင့်ခန်းစာအုပ်

huiswerk

အိမ်စာ

12

nummer

နံပါတ်

2+2

optellen

ပေါင်းသည်

5-2

aftrekken

နုတ်သည်

2×2

vermenigvuldigen

မြှောက်သည်

rekenen

တွက်ပါ

A

letter

စာ

ABCDEFG HIJKLMN OPQRSTU VWXYZ

alfabet

အက္ခရာ

hello

woord

စကားလုံး

tekst

ဖတ်စာအုပ်

Lezen

ဖတ်သည်

krijt

မြေဖြူ

les

သခန်းစာ

klassenboek

ကျောင်းခေါ် ချိန်
မှတ်တမ်းစာအုပ်

examen

စာမေးပွဲ

certificaat

အထောက်အထားလက်မှတ်

schooluniform

ကျောင်းဝတ်စုံ

onderwijs

ပညာရေး

encyclopedie

စွယ်စုံကျမ်း

universiteit

တက္ကသိုလ်

microscoop

အနုကြည့်မှန်ပြောင်း

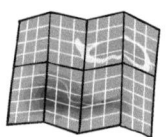

kaart

မြေပုံ

papiermand

အမှိုက်စက္ကူပုံး

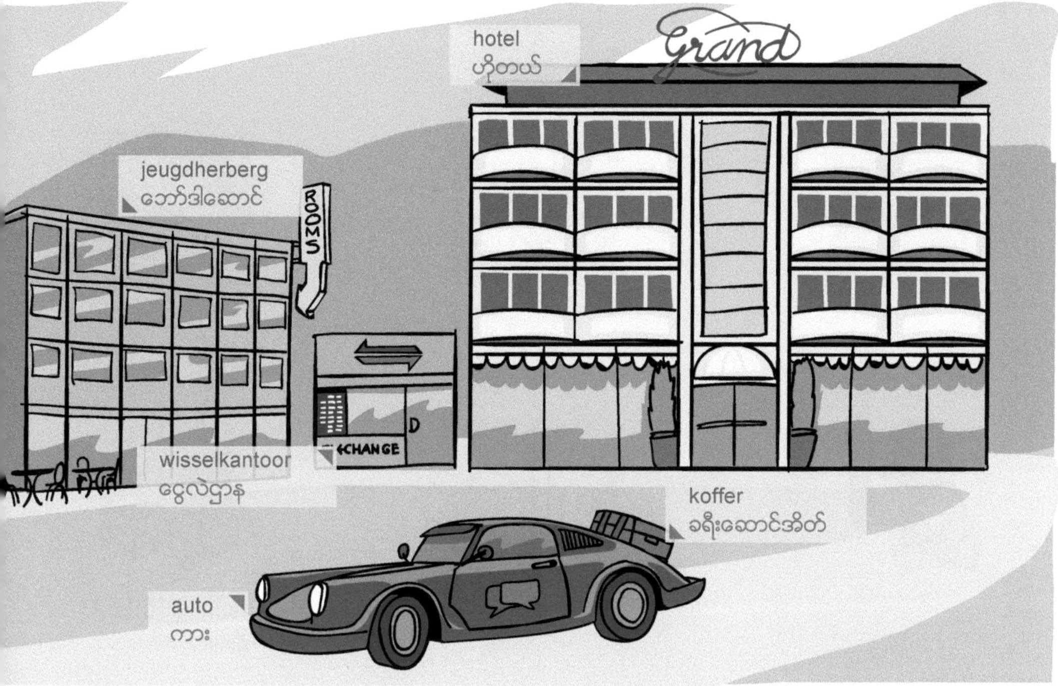

hotel
ဟိုတယ်
Grand
jeugdherberg
ဘော်ဒါဆောင်
ROOMS
wisselkantoor
ငွေလဲဌာန
koffer
ခရီးဆောင်အိတ်
auto
ကား

Taal
ဘာသာစကား

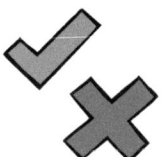

ja / nee
မှန် / မှား

oké
အိုမဲ(ကာ)

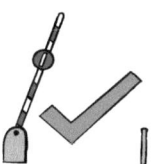

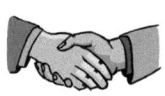

hallo
ဟယ်လို

vertaler
ဘာသာပြန်

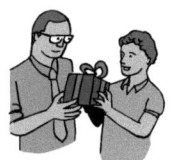

bedankt
ကျေးဇူးတင်ပါတယ်

Hoeveel kost …?

......က ဘယ်လောက်လဲ။

Ik begrijp het niet

ကျွန်ုပ် နားမလည်ဘူး

probleem

ပြဿနာ

Goedenavond!

မင်္ဂလာ ညနေခင်းပါ။

Goedemorgen!

မင်္ဂလာ နံနက်ခင်းပါ။

Goedenavond!

မင်္ဂလာ ညပါ။

Tot ziens

ဘိုင်းဘိုင်

richting

ဦးတည်ရာ

bagage

ခရီးဆောင်သေတ္တာ

zak

အိတ်

rugzak

ကျောပိုးအိတ်

gast

ဧည့်သည်

kamer

အခန်း

slaapzak

တစ်ကိုယ်စာအိပ်ယာလိပ်

tent

ရွက်ထည်တဲ

toeristeninformatie

ခရီးသွားဧည့်သည်အတွက်
သတင်းအချက်အလက်

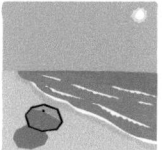

strand

ကမ်းခြေ

kredietkaart

အကြွေးဝယ်ကတ်

ontbijt

နံနက်စာ

lunch

နေ့လည်စာ

avondeten

ညစာ

ticket

လက်မှတ်

lift

ဓာတ်လှေကား

postzegel

တံဆိပ်ခေါင်း

grens

နယ်စပ်

douane

အခွန်များ

ambassade

သံရုံး

visum

ဗီဇာ

paspoort

နိုင်ငံကူးလက်မှတ်

transport
သယ်ယူပို့ဆောင်ရေး

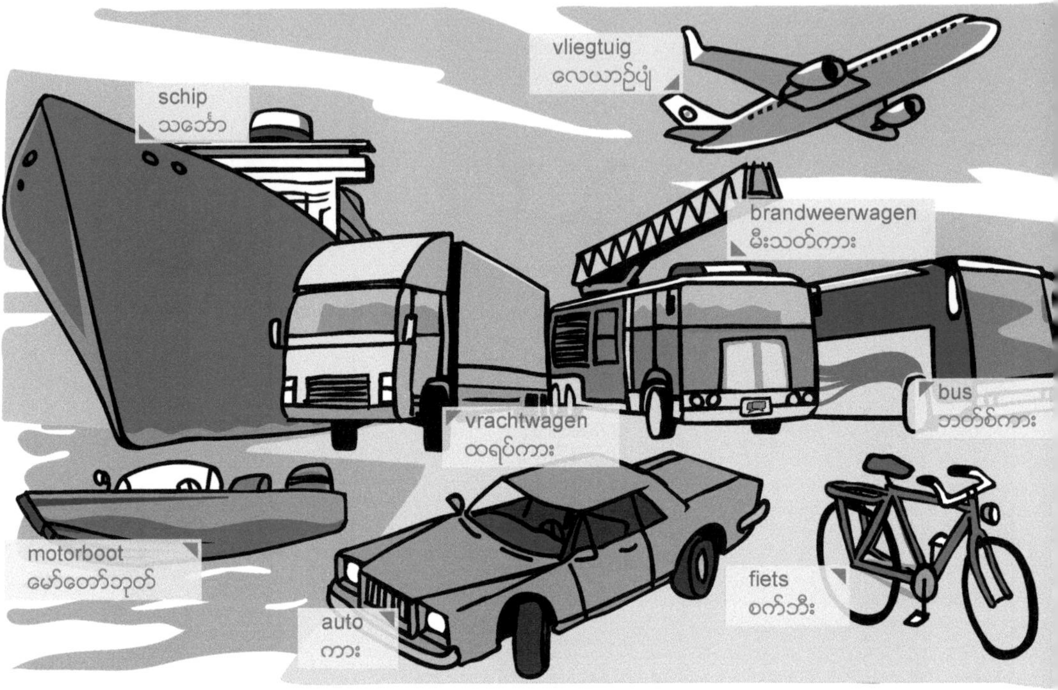
vliegtuig
လေယာဉ်ပျံ
schip
သင်္ဘော
brandweerwagen
မီးသတ်ကား
bus
ဘတ်စ်ကား
vrachtwagen
ထရပ်ကား
motorboot
မော်တော်ဘုတ်
auto
ကား
fiets
စက်ဘီး

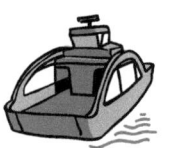

veerboot

ဖယ်ရီသင်္ဘော

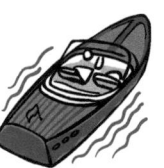

boot

လှေ

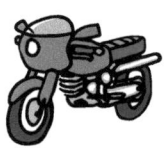

motor

မော်တော်ဆိုင်ကယ်

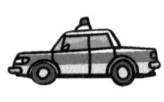

politiewagen

ရဲကား

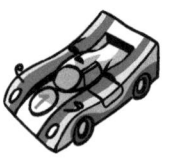

racewagen

ပြိုင်ကား

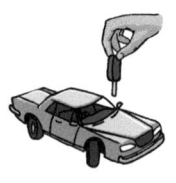

huurauto

စင်းလုံးငှားကား

carpoolen

ကားဝေမျှသုံးစွဲခြင်း

sleepwagen

ပျက်နေသော ထရပ်ကား

vuilniswagen

အမှိုက်သယ်ယာဉ်

motor

မော်တာ

benzine

လောင်စာ

benzinestation

ဓာတ်ဆီဆိုင်

verkeersbord

လမ်းကြောပြ ဆိုင်းဘုတ်

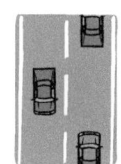

verkeer

ယာဉ်အသွားအလာ

file

လမ်းကြောပိတ်ဆို့မှု

parkeerplaats

ကားရပ်နားရာနေရာ

station

ရထားဘူတာရုံ

sporen

လမ်းကြောင်းများ

trein

ရထား

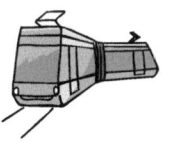

tram

ဓာတ်ရထား

wagon

ရထားလုံး

helikopter

ဟယ်လီကော်ပီတာ

luchthaven

လေဆိပ်

toren

တာဝါ

passagier

ခရီးသည်

container

ထည့်စရာပုံး

karton

ကတ်ထူပုံး

kar

လှည်း

mand

ခြင်း

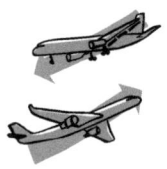

opstijgen / landen

ထွက်ခွာ / ဆိုက်ရောက်

stad

မြို့တော်

dorp

ကျေးရွာ

stadscentrum

မြို့လယ်ခေါင်

huis

အိမ်

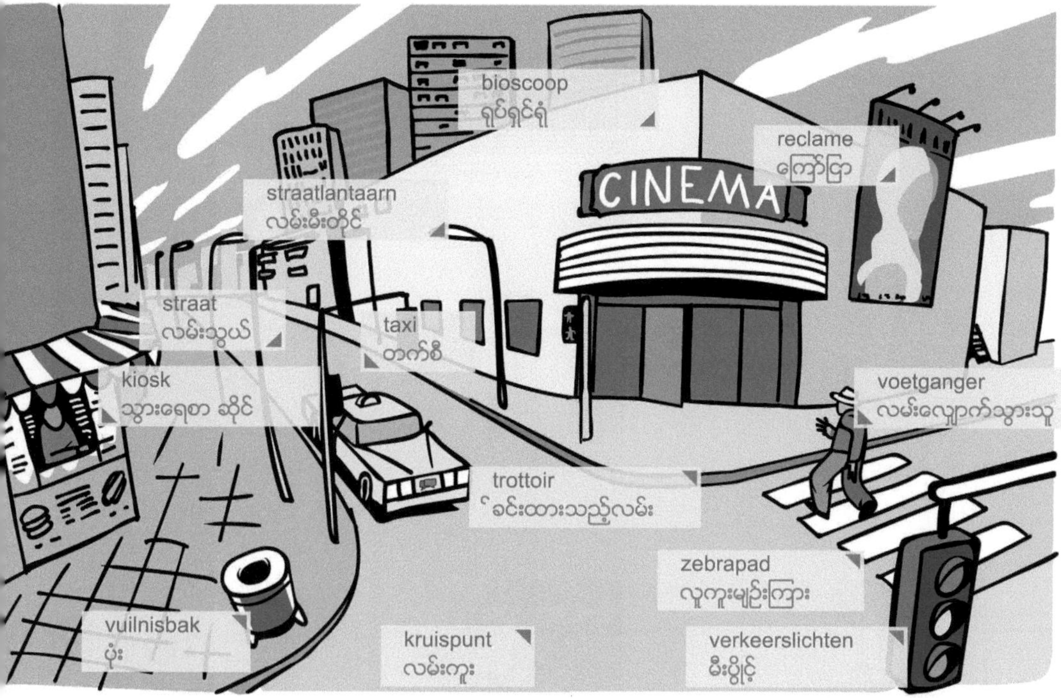

CINEMA
bioscoop
ရုပ်ရှင်ရုံ
reclame
ကြော်ငြာ
straatlantaarn
လမ်းမီးတိုင်
straat
လမ်းသွယ်
taxi
တက်စီ
kiosk
သွားရေစာ ဆိုင်
voetganger
လမ်းလျှောက်သွားသူ
trottoir
ခင်းထားသည့်လမ်း
zebrapad
လူကူးမျဉ်းကြား
vuilnisbak
ပုံး
kruispunt
လမ်းကူး
verkeerslichten
မီးပွိုင့်

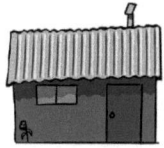

hut

တဲအိမ်

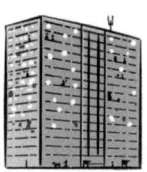

woning

နေအိမ်ခန်း

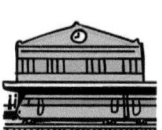

station

ရထားဘူတာရုံ

stadshuis

မြို့တော်ခန်းမ

MUSEUM

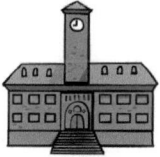

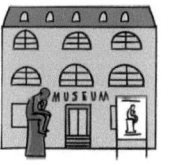

museum

ပြတိုက်

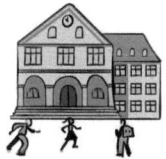

school

ကျောင်း

universiteit

တက္ကသိုလ်

bank

ဘဏ်

ziekenhuis

ဆေးရုံ

hotel

ဟိုတယ်

apotheek

ဆေးဆိုင်

kantoor

ရုံးခန်း

boekwinkel

စာအုပ်ဆိုင်

winkel

ဆိုင်

bloemenwinkel

ပန်းရောင်းသူ၏

supermarkt

စူပါမားကတ်

markt

ဈေး

warenhuis

ပစ္စည်းမျိုးစုံရောင်းသည့်
စတိုးဆိုင်ကြီး

vishandelaar

ငါးရောင်းသူ၏

winkelcentrum

ဈေးဝယ်စင်တာ

haven

သင်္ဘောဆိပ်

park

အနားယူပန်းခြံ

bank

ထိုင်ခုံတန်း

brug

တံတား

trap

လှေကားထစ်များ

metro

မြေအောက်

tunnel

ဥမင်လိုဏ်ခေါင်း

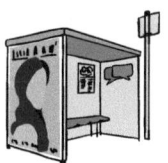

bushalte

ဘတ်စ်ကားမှတ်တိုင်

bar

ဘား

restaurant

စားသောက်ဆိုင်

brievenbus

စာတိုက်သေတ္တာ

straatnaambord

လမ်းဆိုင်းဘုတ်

parkeermeter

ကားရပ်နားခ ကောက်ခံသည့်
မီတာ

zoo

တိရိစ္ဆာန်ရုံ

zwembad

ရေကူးကန်

moskee

ဗလီ

stad - မြို့တော်

boerderij
လယ်ယာ

milieuverontreiniging
ညစ်ညမ်းမှု

kerkhof
သချိုင်းကုန်း

kerk
ဘုရားရှိခိုးကျောင်း

speelplaats
ကစားကွင်း

tempel
ဘုရားကျောင်း

landschap
ရှုခင်း

blad
သစ်ရွက်

wegwijzer
ဆိုင်းဘုတ်

weg
လမ်း

weide
မြက်ခင်း

steen
ကျောက်တုံး

wandelaar
တောင်တက်သမား

boom
သစ်ပင်

rivier
မြစ်

gras
မြက်

bloem
ပန်း

vallei

တောင်ကြား

heuvel

တောင်ကုန်း

meer

ရေကန်

bos

သစ်တော

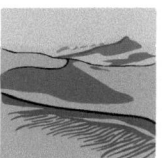

woestijn

သဲကန္တာရ

vulkaan

မီးတောင်

kasteel

ရဲတိုက်

regenboog

သက်တန့်

paddenstoel

မှို

palmboom

ထန်းပင်

mug

ခြင်

vlieg

ပျံသန်းသည်

mier

ပုရွက်ဆိတ်

bijl

ပျား

spin

ပင့်ကူ

kever

ပိုးတောင်မာ

kikker

ဖား

eekhoorn

ရှဉ့်

egel

ဖြူကောင်

haas

ယုန်

uil

ဇီးကွက်

vogel

ငှက်

zwaan

ငန်း

wild zwijn

တောဝက်

hert

သမင်

eland

ချိုပြားဒရယ်

dam

ဆည်

windturbine

လေအားသုံး
လျှပ်စစ်ဓာတ်အားပေးစက်

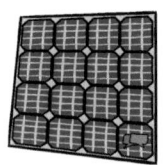

zonnepaneel

နေရောင်ခြည်ခံပြား

klimaat

ရာသီဥတု

restaurant
စားသောက်ဆိုင်

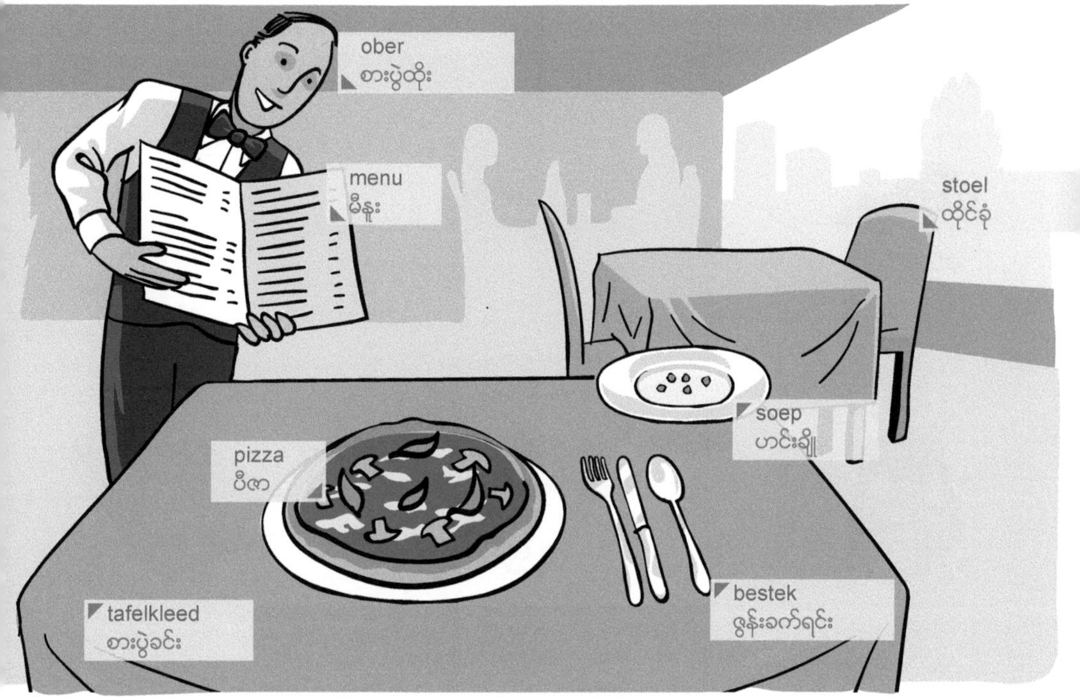
ober
စားပွဲထိုး
menu
မီနူး
stoel
ထိုင်ခုံ
soep
ဟင်းချို
pizza
ပီဇာ
bestek
ဇွန်းခက်ရင်း
tafelkleed
စားပွဲခင်း

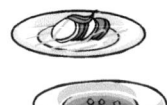

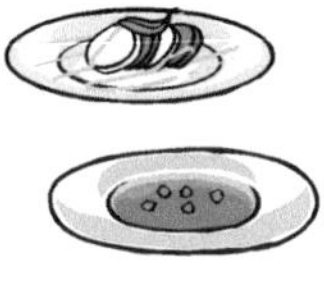

voorgerecht

ပထမဆုံး စားသည့် အစာ

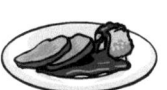

hoofdgerecht

ပင်မ အစာ

nagerecht

အချိုပွဲ

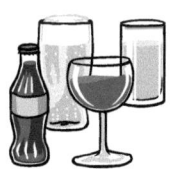

drankjes

သောက်စရာများ

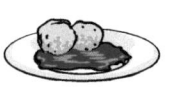

eten

အစားအစာ

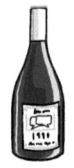

fles

ပုလင်း

fastfood

အသင့်ပြင်ပြီးသား အစားအစာ

street food

လမ်းဘေးအစားအစာ

theepot

လက်ဖက်ရည်အိုး သို့မဟုတ်
ရေနွေးကြမ်းအိုး

suikerpot

သကြားအိုး

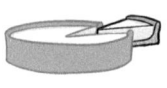

portie

တစ်ယောက်စာ

espressomachine

အက်စပရက်ဆို ကော်ဖီစက်

kinderstoel

ထိုင်ခုံအမြင့်

rekening

ငွေတောင်းခံလွှာ

dienblad

ပန်း

mes

ဓါး

vork

ခက်ရင်း

lepel

ဇွန်း

theelepel

လက်ဖက်ရည်ဇွန်း

serviette

လက်သုတ်ပုဝါ

glas

ရေသောက်ဖန်ခွက်

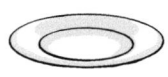

bord
ပန်းကန်ပြား

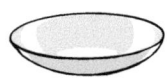

soepbord
ဟင်းချို့ပန်းကန်ပြား

schoteltje
ပန်းကန်ပြား

saus
ဆော့စ်

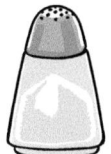

zoutvatje
ဆားအိုး

pepermolen
ငရုတ်ကောင်း ချေစက်

azijn
ရှာလကာရည်

olie
ဆီ

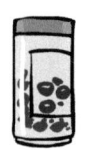

kruiden
ဟင်းခတ်အမွှေးအကြိုင်

ketchup
ခရမ်းချဉ်သီးဆော့စ်

mosterd
မုန်ညင်းဆီဆော့စ်

mayonaise
မယွိုးနိစ်

supermarkt
စူပါမားကတ်

aanbieding
အထူးကမ်းလှမ်းချက်
FOR
klant
ဖောက်သည် သို့မဟုတ် ဈေးဝယ်သူ
zuivelproducten
နို့ထွက်ပစ္စည်း
fruit
သစ်သီး
winkelwagen
ထရော်လီလှည်း

BUTCHERS

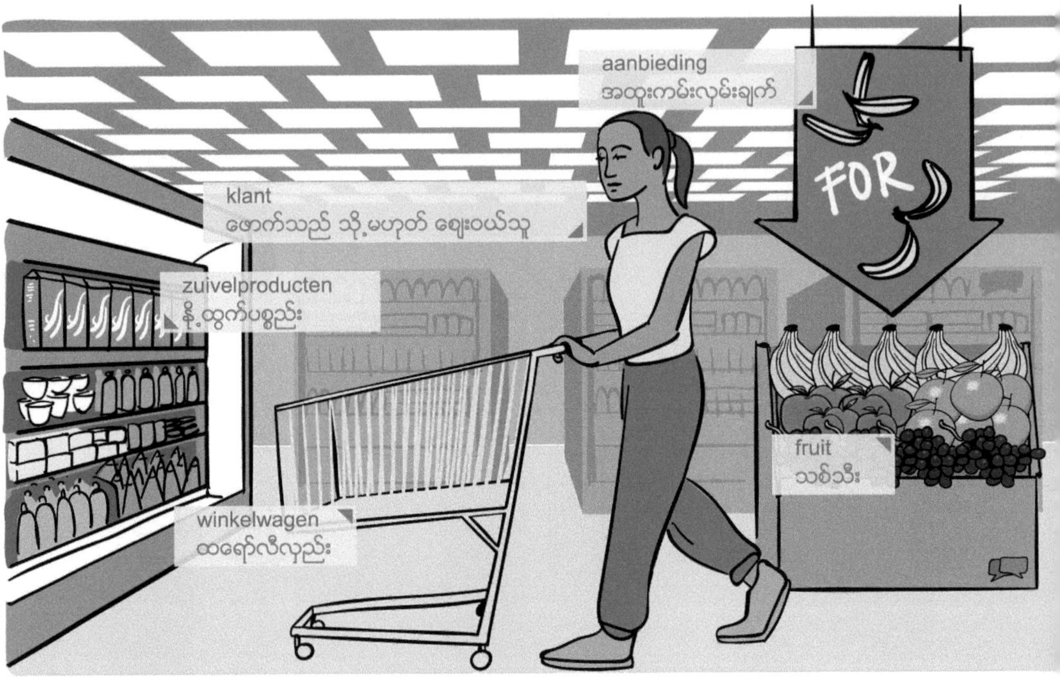

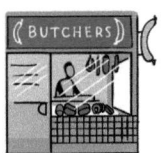

slagerij

သားသတ်သမား၏

BAKERY

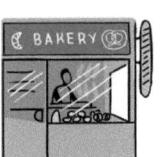

bakkerij

မုန့်ဖုတ်သမား၏

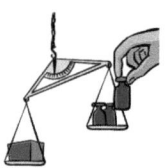

wegen

အလေးချိန်သည်

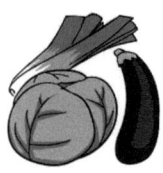

groenten

ဟင်းသီးဟင်းရွက်

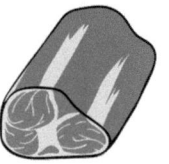

vlees

အသား

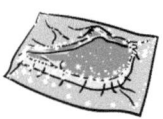

diepvriesvoedsel

အေးခဲထားသည့် အစားအစာ

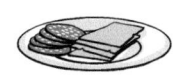

charcuterie

င်ဆင်ထားသော အသားအေး

conserven

သံပူးသွပ် အစားအစာ

waspoeder

ဆပ်ပြာမှုန့်.

snoep

သကြားလုံးများ

huishoudproducten

အိမ်သုံး ပစ္စည်းများ

schoonmaakproducten

သန့်ရှင်းရေး ပစ္စည်းများ

verkoopster

ဈေးရောင်းသူ

kassa

အထိ

kassier

ငွေကိုင်

boodschappenlijstje

ဈေးဝယ်စာရင်း

openingstijden

ဖွင့်ချိန်နာရီများ

portefeuille

အိတ်ဆောင် ပိုက်ဆံအိတ်

kredietkaart

အကြွေးဝယ်ကတ်

tas

အိတ်

plastieken zakje

ပလတ်စတစ်အိတ်

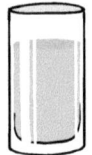

water

ေရ

sap

သစ်သီးဖျော်ရည်

melk

နွားနို့

cola

ကိုကာကိုလာ

wijn

ဝိုင်

bier

ဘီယာ

alcohol

အရက်

cacao

ကိုကိုးမှုန့်

thee

လက်ဖက်ရည် သို့ မဟုတ်
ရေနွေးကြမ်း

koffie

ကော်ဖီ

espresso

အက်စ်ပရက်ဆို ကော်ဖီ

cappuccino

ကပူချီနိုကော်ဖီ

အစားအစာ

banaan

ငှက်ပျောသီး

appel

ပန်းသီး

sinaasappel

လိမ္မော်သီး

meloen

ဖရဲသီးမျိုးဝင်

citroen

သံပုယိုသီး

wortel

မုန်လာဥနီ

knoflook

ကြက်သွန်ဖြူ

bamboe

မျှစ်

ajuin

ကြက်သွန်နီ

champignon

မို

noten

ပဲစေ့များ

noodles

ခေါက်ဆွဲ

spaghetti

စပါဂတီ ခေါ် အီတာလီ ခေါက်ဆွဲ

rijst

ထမင်း

salade

ဆလပ်ရွက်သုတ်

frieten

အကြွပ်ကြော်များ

gebakken aardappelen

အာလူးကြော်

pizza

ပီဇာ

hamburger

ဟမ်ဘာဂါ

sandwich

အသားညှပ်ပေါင်မုန့်

kalfslapje

ကတ်တလိပ်

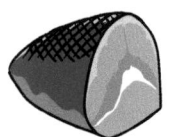

ham

ဝက်ပေါင်ခြောက်

salami

ဆလာမီ

worst

ဝက်အူချောင်း

kip

ကြက်သား

braden

ရှို့စ်လုပ်ခြင်း

vis

ငါး

havervlokken

ကွေကာအုတ်

muesli

မျူးစလီ

cornflakes

ပြောင်းစေ့ပြား

bloem

ဂျုံမုန့်

croissant

ခရာဆွန်း ခေါ်
ပြင်သစ်ပေါင်မုန့် တစ်မျိုး

pistolet

ပေါင်မုန့် လိပ်

brood

ပေါင်မုန့်

toast

ပေါင်မုန့်မီးကင်

koekjes

ဘီစကစ်

boter

ထောပတ်

kwark

ဒိန်ခဲ

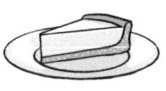

taart

ကိတ်မုန့်

ei

ဥ

spiegelei

ဥကြော်

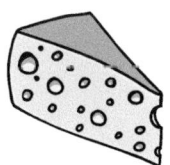

kaas

ချိစ်

ijs

ရေခဲမုန့်

suiker

သကြား

honing

ပျားရည်

confituur

ယို

choco

ယိုသုတ်စားသည့် ချောကလက်

curry

ဟင်း

boerderij
လယ်ယာ

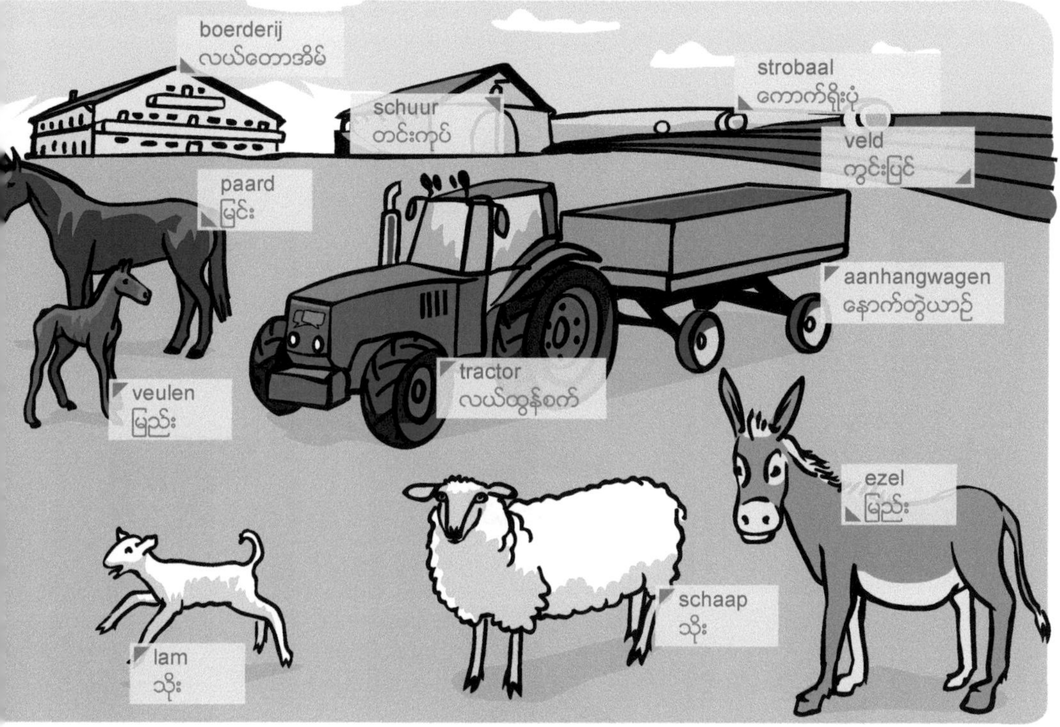
boerderij
လယ်တောအိမ်
schuur
တင်းကုပ်
strobaal
ကောက်ရိုးပုံ
veld
ကွင်းပြင်
paard
မြင်း
aanhangwagen
နောက်တွဲယာဉ်
tractor
လယ်ထွန်စက်
veulen
မြည်း
ezel
မြည်း
schaap
သိုး
lam
သိုး

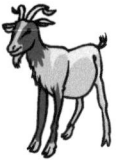

geit
ဆိတ်

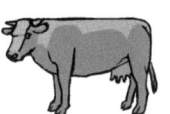

koe
နွားမ

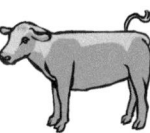

kalf
နွားလေး

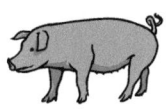

varken
ဝက်

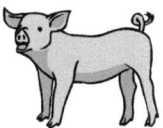

biggetje
ဝက်ကလေး

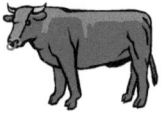

stier
နွားထီး

gans

ဘဲငန်း

eend

ဘဲ

kuiken

ကြက်ပေါက်ကလေး

kip

ကြက်မ

haan

ကြက်ဖ

rat

ကြွက်

kat

ကြောင်

muis

ကြွက်ကလေး

os

နွားထီး

hond

ခွေး

hondenhok

ခွေးအိမ်

tuinslang

ပန်းခြံရေပိုက်

gieter

ရေလောင်းသည့်ခွက်

zeis

တံစဉ်အပြားကြီး

ploeg

ထယ်

sikkel

တံစဉ်

schoffel

ပေါက်ပြား

hooivork

ကောက်ဆွ

bijl

ပေါက်ချွန်း

kruiwagen

ဘီးတပ် လက်တွန်းလှည်း

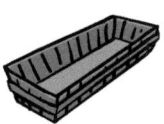

trog

စားခွက်

melkkan

နို့ပုံး

zak

အိတ်

hek

ခြံစည်းရိုး

stal

မြင်းဇောင်း

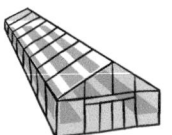

broeikas

မှန်လုံအိမ်

bodem

မြေကြီး

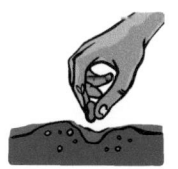

zaad

အစေ့

mest

မြေသြဇာ

maaidorser

စုပေါင်း ရိတ်သိမ်းသူ

oogsten

ရိတ်သိမ်းသည်

oogst

ရိတ်သိမ်းသည်

yam

ဝီလောပိန်

tarwe

ဂျုံ

soja

ႛပဲပုပ်

aardappel

အာလူး

maïs

ပြောင်း

koolzaad

နံစားပြောင်းဆီ

fruitboom

အသီးပင်

maniok

ဝီလောပိန်

graan

စီရီရယ် ခေါ် နံနက်စာတစ်မျိုး

huis
အိမ်

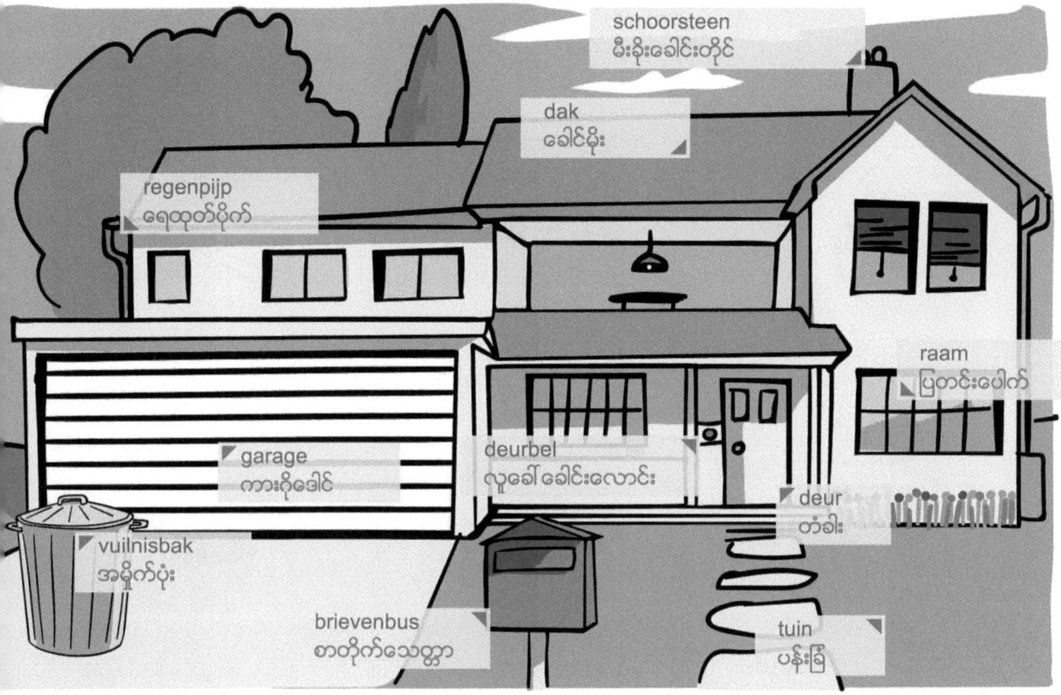
schoorsteen
မီးခိုးခေါင်းတိုင်
dak
ခေါင်မိုး
regenpijp
ရေထုတ်ပိုက်
raam
ပြတင်းပေါက်
garage
ကားဂိုဒေါင်
deurbel
လူခေါ် ခေါင်းလောင်း
deur
တံခါး
vuilnisbak
အမှိုက်ပုံး
brievenbus
စာတိုက်သေတ္တာ
tuin
ပန်းခြံ

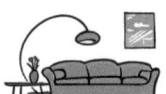

woonkamer

ဧည့်ခန်း

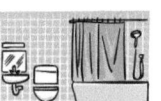

badkamer

ရေချိုးခန်း

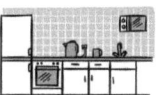

keuken

မီးဖိုချောင်

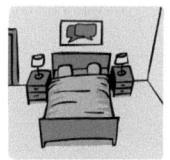

slaapkamer

အိပ်ခန်း

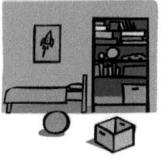

kinderkamer

ကလေး အခန်း

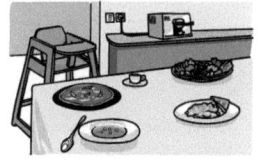

eetkamer

ထမင်းစားခန်း

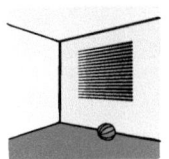

vloer

ကြမ်းပြင်

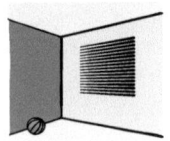

muur

နံရံ

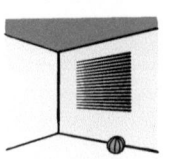

plafond

မျက်နှာကျက်

kelder

မြေအောက်ခန်း

sauna

ချွေးထုတ်ခန်း

balkon

ဝရန်တာ

terras

ဝရန်တာ

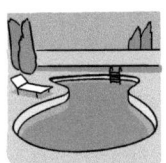

zwembad

ရေကူးကန်

grasmaaier

မြက်ရိတ်စက်

dekbedovertrek

အချုပ်

dekbed

အိပ်ယာခင်း

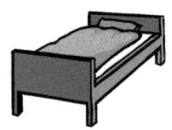

bed

အိပ်ယာ

bezem

တံမြက်စည်း

emmer

ရေပုံး

schakelaar

မီးခလုတ်

woonkamer
ဧည့်ခန်း

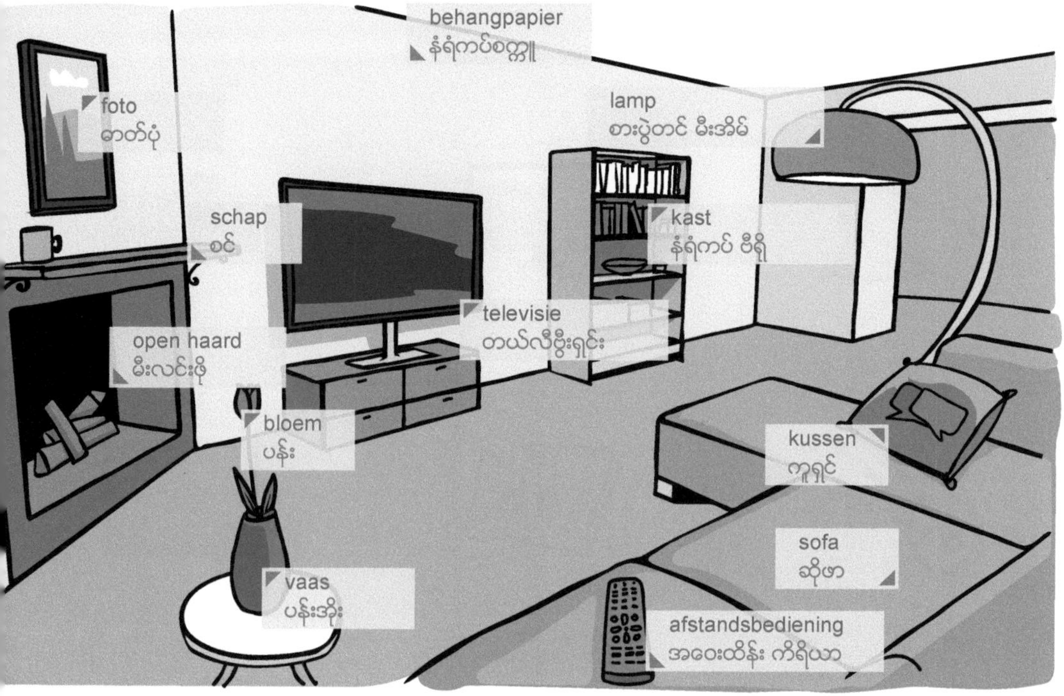
behangpapier
နံရံကပ်စက္ကူ
foto
ဓာတ်ပုံ
lamp
စားပွဲတင် မီးအိမ်
schap
စင်
kast
နံရံကပ် ဗီရို
televisie
တယ်လီဗွီးရှင်း
open haard
မီးလင်းဖို
bloem
ပန်း
kussen
ကူရှင်
sofa
ဆိုဖာ
vaas
ပန်းအိုး
afstandsbediening
အဝေးထိန်း ကိရိယာ

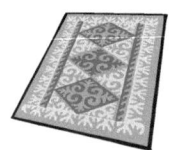

mat
ကော်ဇော

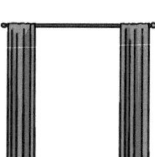

gordijn
ကန့်လန့်ကာ

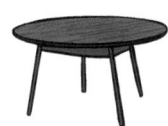

tafel
စားပွဲခုံ သို့မဟုတ် ဇယား

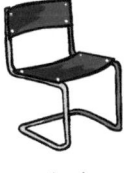

stoel
ထိုင်ခုံ

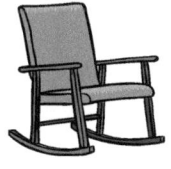

schommelstoel
ရှေ့နောက် ယိမ်းနိုင်သည့် ထိုင်ခုံ

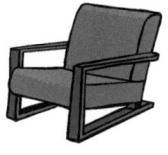

fauteuil
လက်တင်ထိုင်ခုံ

boek
စာအုပ်

deken
စောင်

decoratie
အပြင်အဆင်

brandhout
ထင်း

film
ဖလင် သို့ မဟုတ် ရုပ်ရှင်

stereo-installatie
ဟိုင်ဖိုင် ကိရိယာ

sleutel
သော့

krant
သတင်းစာ

schilderij
ပန်းချီကား

poster
ပိုစတာ

radio
ရေဒီယို

notitieboekje
မှတ်စုစာရွက်အုပ်

stofzuiger
ဖုံစုပ်စက်

cactus
ရှားစောင်းပင်

kaars
ဖယောင်းတိုင်

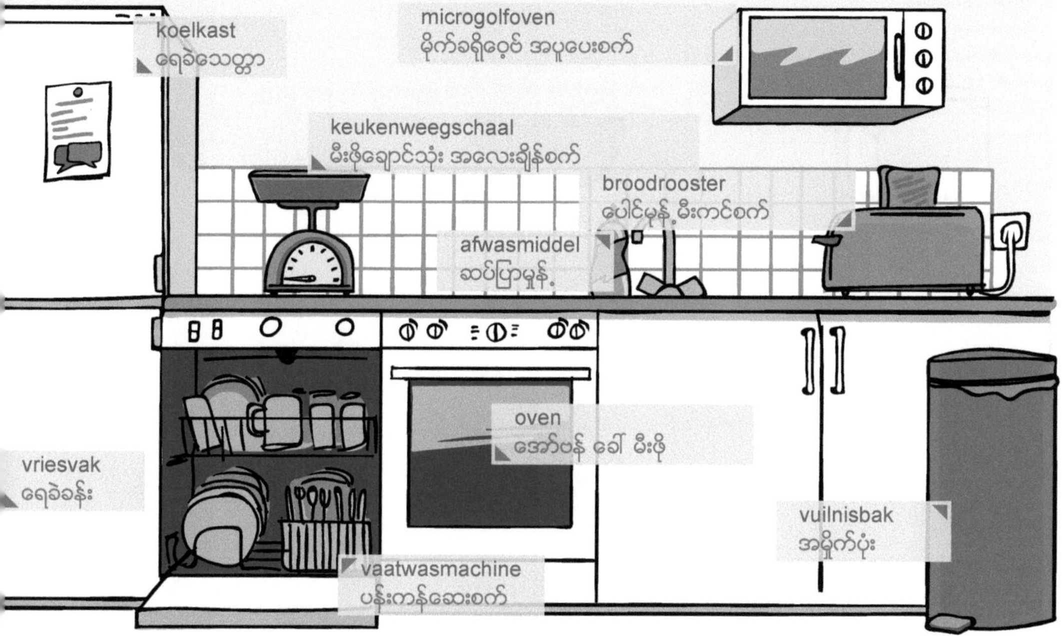

koelkast
ရေခဲသေတ္တာ

microgolfoven
မိုက်ခရိုဝေ့ဗ် အပူပေးစက်

keukenweegschaal
မီးဖိုချောင်သုံး အလေးချိန်စက်

broodrooster
ပေါင်မုန့် မီးကင်စက်

afwasmiddel
ဆပ်ပြာမှုန့်

oven
အော်ဗွန် ခေါ် မီးဖို

vriesvak
ရေခဲခန်း

vuilnisbak
အမှိုက်ပုံး

vaatwasmachine
ပန်းကန်ဆေးစက်

fornuis

လျှပ်စစ် ချက်ပြုတ်အိုး

pot

အိုး

gietijzeren pot

သံအိုးကြီး

wok / kadai

ဝမ်ကြော်သည့် ဒယ်အိုးကြီး /
ကာဒိုင်း

pan

ဒယ်အိုး

waterkoker

ရေနွေးတည်သည့်အိုး

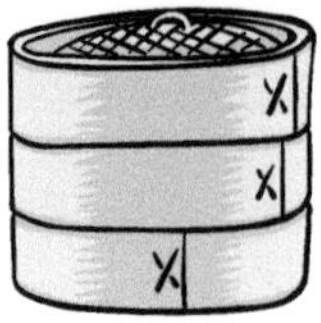

stoomkoker

ပေါင်းစက်

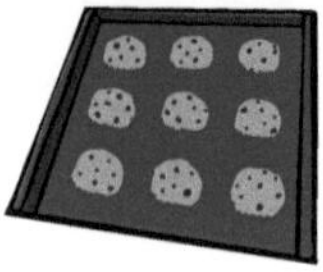

bakplaat

မုန့်ဖုတ်သည့် ဗန်း

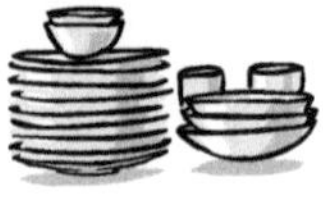

servies

ကြွေပန်းကန်ပြား ခွက်ယောက်

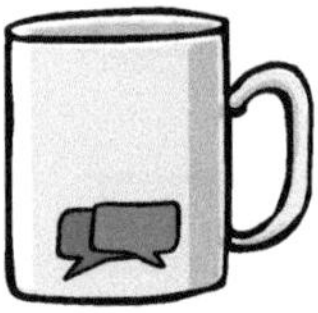

mok

မတ်ခွက်

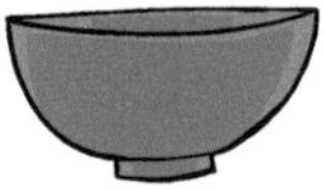

kom

ဇလုံပန်းကန်

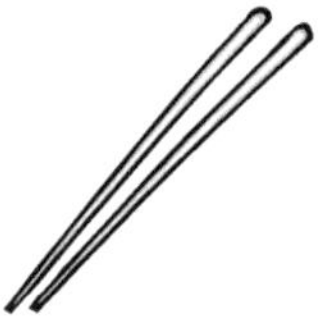

eetstokjes

အစာစားသည့်တူများ

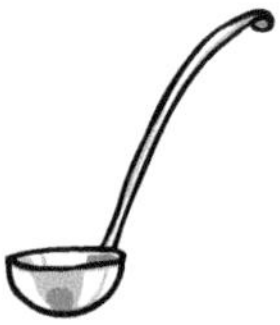

pollepel

ယောက်ချို

spatel

မွှေသည့်အတံ

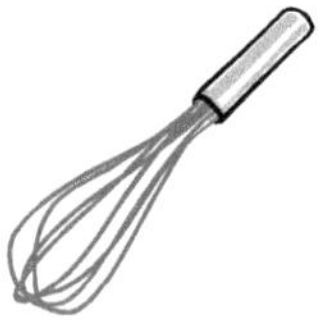

garde

ခေါက်တံ

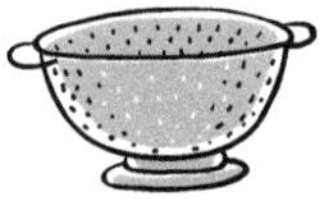

vergiet

စစ်သည့် အရာ

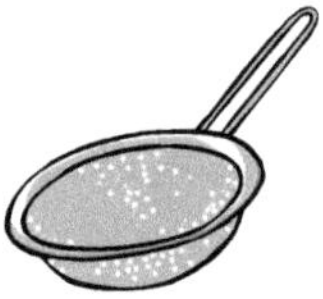

zeef

စကာ

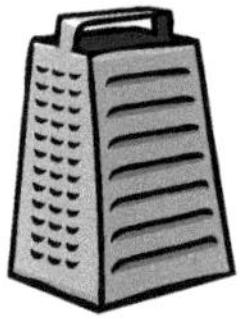

rasp

ခြစ်သည့်ကိရိယာ

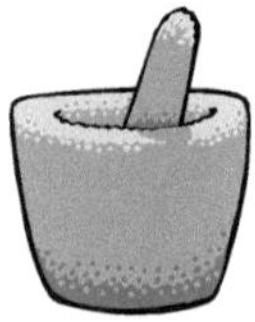

mortier

ငြုပ်ဆုံ

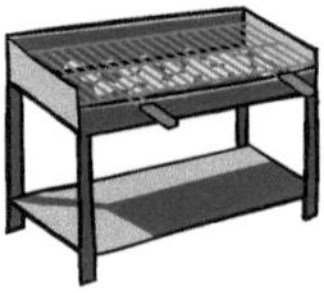

barbecue

ဘာဘီကျူးကင်

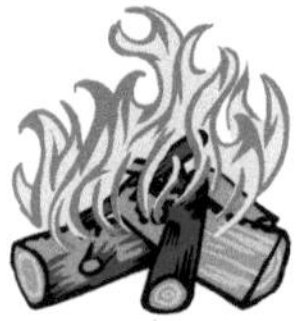

haardvuur

ထင်းမီးဖို

snijplank

စင်းနီးတုံး

deegrol

လည်နေသောပင်

kurkentrekker

ဖော့ဆို့

blik

သံဗူး

blikopener

သံဗူးဖောက်တံ

pannenlap

အိုးတင်သည့်အရာ

gootsteen

ရေဆေးသည့် နေရာ

borstel

စုပ်တံ

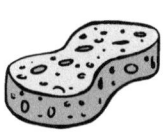

spons

ရေမြုပ်

blender

မွှေသည့်စက်

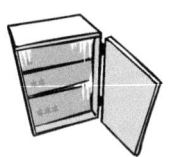

vriezer

အေးခဲသည့် ရေခဲခန်း

papfles

ကလေးနို့ဗူး

kraan

ရေပိုက်ခေါင်း

badkamer
ရေချိုးခန်း

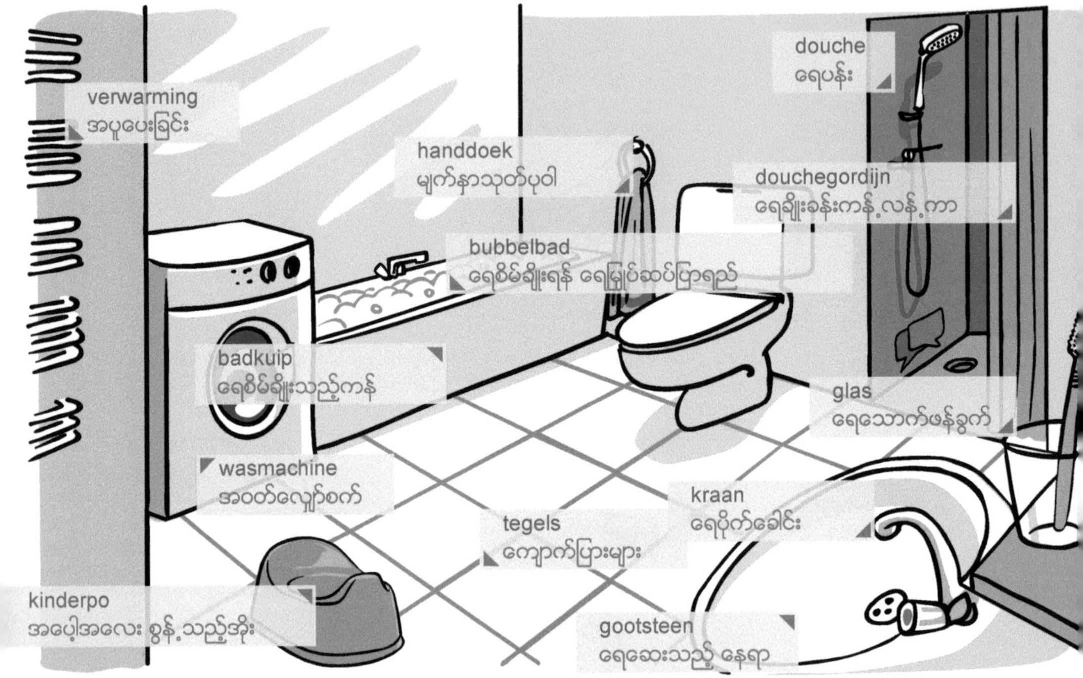

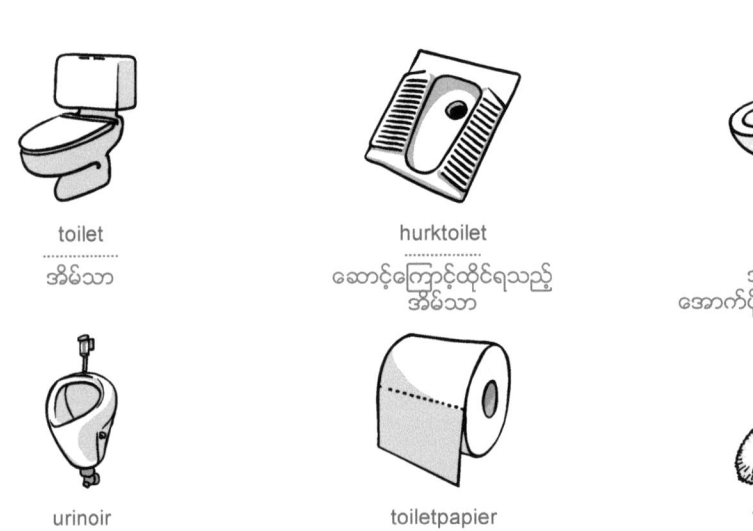

douche
ရေပန်း
verwarming
အပူပေးခြင်း
handdoek
မျက်နှာသုတ်ပုဝါ
douchegordijn
ရေချိုးခန်းကန့်လန့်ကာ
bubbelbad
ရေစိမ်ချိုးရန် ရေမြှုပ်ဆပ်ပြာရည်
badkuip
ရေစိမ်ချိုးသည့်ကန်
glas
ရေသောက်ဖန်ခွက်
wasmachine
အဝတ်လျှော်စက်
kraan
ရေပိုက်ခေါင်း
tegels
ကျောက်ပြားများ
kinderpo
အပေါ့အလေး စွန့်သည့်အိုး
gootsteen
ရေဆေးသည့် နေရာ

toilet

အိမ်သာ

hurktoilet

ဆောင့်ကြောင့်ထိုင်ရသည့် အိမ်သာ

bidet

အမျိုးသမီးသုံး အောက်ပိုင်းဆေးသည့် ကမုတ်

urinoir

အမျိုးသား ဆီးသွားသည့်ကမုတ်

toiletpapier

အိမ်သာသုံး စက္ကူ

toiletborstel

အိမ်သာတိုက် ဘရပ်ရှ်

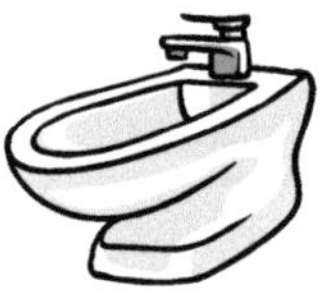

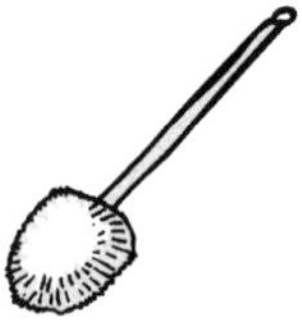

tandenborstel

သွားတိုက်တံ

tandpasta

သွားတိုက်ဆေး

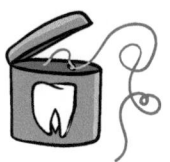

flosdraad

သွား ချေးထုတ်သည့် ကြိုး

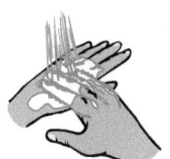

wassen

ဆေးကြောသည်

handdouche

လက်ကိုင် ရေပန်း

bidethanddouche

ရေပန်းဖြင့်ရေချိုးခြင်း

waskom

ရေအင်တုံ

rugborstel

နောက်ကျော ချေးတွန်းသည့်
ဘရပ်ရှ်

zeep

ဆပ်ပြာ

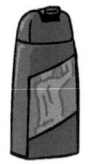

douchegel

ရေချိုးဆပ်ပြာရည်

shampoo

ခေါင်းလျှော်ရည်

washandje

ဖလန်နယ်စ

afvoer

ရေထွက်ပေါက်

crème

ခရင်မ်

deodorant

ဒီအော်ဒရန့် ခေါ်
ကိုယ်လိမ်းအမွှေးနံ့သာ

spiegel

မှန်

handspiegel

လက်ကိုင်မှန်

scheermes

မုတ်ဆိတ်ရိတ်တံ

scheerschuim

မုတ်ဆိတ်ရိတ်ရန် အမြှုပ်

aftershave

မုတ်ဆိတ်ရိတ်ပြီး
လိမ်းသည့်အမွှေးနံ့သာ

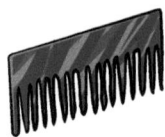

kam

ခေါင်းဘီး

borstel

ဘရပ်ရှ်

haardroger

ဆံပင်ခြောက်စက်

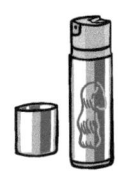

haarlak

ဆံပင်ဖြန်းဆေး

make-up

မိတ်ကပ်

lippenstift

နှုတ်ခမ်းဆိုးဆေး

nagellak

လက်သည်းဆိုးဆေး

watten

ဝွမ်းလုံး

nagelknipper

လက်သည်းညှပ် ကပ်ကြေး

parfum

ရေမွှေး

toilettas
ရေချိုးခန်းသုံး အိတ်

kruk
ခွေးခြေ

weegschaal
ကိုယ်အလေးချိန်တိုင်းသည့်စက်

badjas
ရေချိုးပြီး ဝတ်သည့်ဝတ်ရုံ

latex handschoenen
ရာဘာ လက်အိတ်များ

tampon
တန်ပွန် ခေါ် ဓမ္မတာလာစဉ် မိန်း
မကိုယ်တွင်းထည့်သည့်အရာ

maandverband
အမျိုးသမီး လစဉ်သုံးပုဝါစ

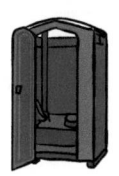

chemisch toilet
ဓာတုပစ္စည်းထည့်သုံးသည့်
အိမ်သာ

kinderkamer

ကလေး အခန်း

wekker
နှိုးစက်
knuffel
ဖက်အိပ်သည့်အရုပ်
speelgoedauto
အရုပ်ကား
rammelaar
ခလောက်
poppenhuis
အရုပ်မအိမ်
geschenk
လက်ဆောင်

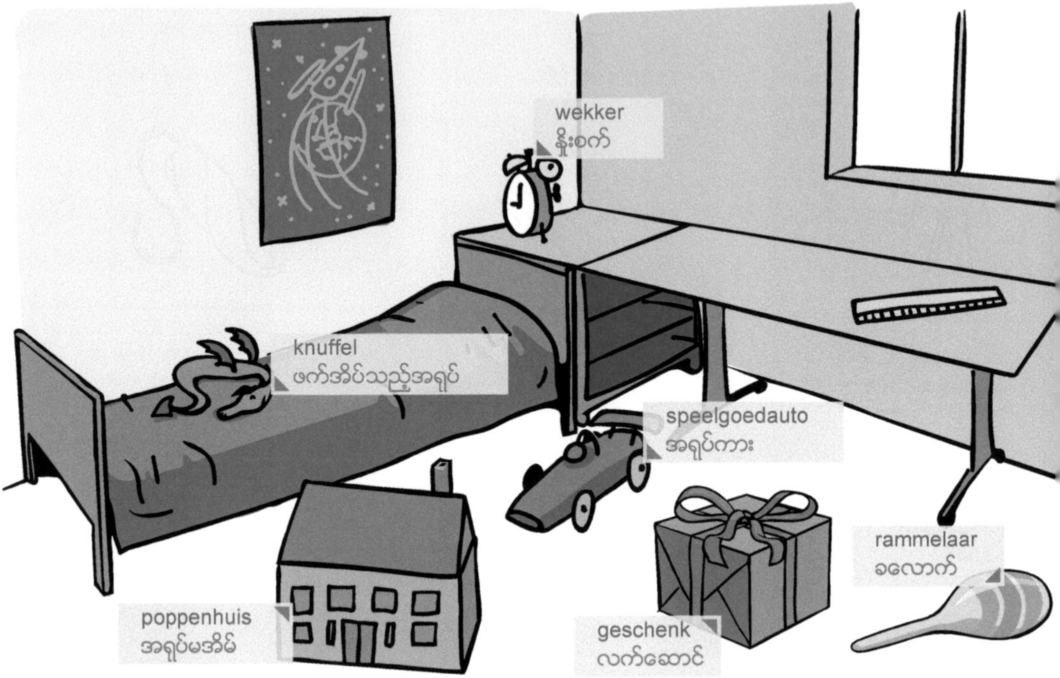

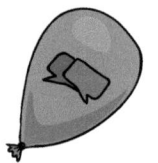

ballon

ပူဖောင်း

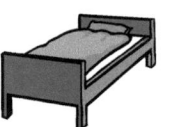

bed

အိပ်ယာ

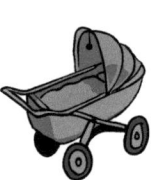

kinderwagen

ကလေးတွန်းလှည်း

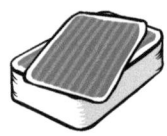

spel kaarten

ကစားသည့်ကတ်ထုပ်

puzzel

ဂျစ်ဆော ခေါ်
ဆက်၍ကစားသည့်
အပိုင်းအစများ

SUPER
MEGA

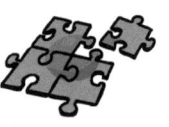

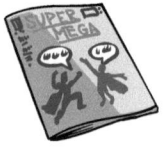

stripboek

ရုပ်ပြစာအုပ်

legoblokjes

ဆောက်ရွှေ့ကစားသည့် လေဂို
အတုံးများ

blokken

ဆောက်ရွှေ့ကစားသည့်
အတုံးများ

actiefiguur

လှုပ်ရှားလှုပ်ကိုင်သူ

kruippakje

ဘော်ဘီဂီရှိုး

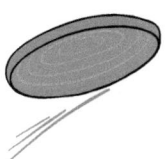

frisbee

ဖရစ်ဘီး ခေါ် ပစ်၍ ကစားသည့်
အပြား

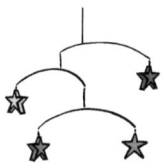

mobiel

ရွေ့လျားနိုင်သော

bordspel

ဘုတ်ပြားပေါ်တွင် ကစားနည်း

dobbelsteen

အံစာတုံး

modelspoorweg

ကစားစရာ ရထား အစုံမော်ဒယ်

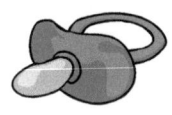

fopspeen

အရုပ်

feest

ပါတီ

prentenboek

ရုပ်ပြစာအုပ်

bal

ဘောလုံး

pop

အရုပ်မ

spelen

ကစားသည်

zandbak

ကစားသည့် သဲပုံး

schommel

ဒန်း

speelgoed

အရုပ်များ

spelconsole

ဗွီဒီယိုဂိမ်းကစားသည့် စက်

driewieler

သုံးဘီး စက်ဘီး

knuffelbeer

တက်ဒီ ဝက်ဝံရုပ်

kleerkast

အဝတ်ဗီရို

kleding

အဝတ်အစား

sokken

ခြေအိတ်များ

kousen

အမျိုးသမီးဝတ် ခြေအိတ်ရှည်

maillot

အမျိုးသမီး ခြေအိတ်အကြပ်

sjaal
ပုဝါ

paraplu
ထီး

riem
ခါးပတ်

T-shirt
တီရှပ်

laarzen
ဘွတ်ဖိနပ်များ

slippers
ခြေညှပ်ဖိနပ်များ

sneakers
အားကစားဖိနပ်များ

sandalen

ခြေစွပ် နောက်ပိတ်ဖိနပ်

schoenen

ရှူးဖိနပ်များ

rubberlaarzen

ရာဘာ ဘွတ်ဖိနပ်များ

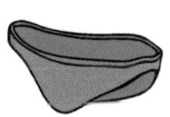

onderbroek

အောက်ခံ အဝတ်များ

beha

ဘရာဇီယာ

onderhemd

အပေါ်ထပ် လက်ပြတ်အကျီ

lichaam

ကိုယ်ခန္ဓာ

broek

ဘောင်းဘီရှည်

jeans

ဂျင်းဘောင်းဘီ

rok

စကပ်

blouse

ဘလောက်စ်အကျီ

hemd

ရှပ်အကျီ

trui

ခေါင်းစွပ်အကျီ

capuchontrui

ခေါင်းစွပ်ပါ အကျီ

blazer

ဘလေဇာကုတ်အကျီ

jas

ဂျက်ကတ်အကျီ

jas

ကုတ်အကျီ

regenjas

မိုးကာ ကုတ်အကျီ

kostuum

ဝတ်စုံ

jurk

ဂါဝန်

trouwjurk

လက်ထပ် ဝတ်စုံ

pak

အနောက်တိုင်းဝတ်စုံပြည့်

nachthemd

ညအိပ်အကျို

pyjama

ညအိတ်ဝတ်စုံ

sari

ဆာရီ

hoofddoek

ခေါင်းအုပ်ပုဝါ

tulband

တာဘန် ခေါ် ခေါင်းပေါင်း

boerka

ဘာကာခေါ်
အမျိုးသမီးခေါင်းအုပ်

kaftan

ကာ့ဖတန် ခေါ်
အမျိုးသားဝတ်ဘောင်းဘီ

abaya

အာဘယာ ခေါ် မွက်ဆလင်
အမျိုးသမီးဝတ်အကျို

badpak

ရေကူးဝတ်စုံ

zwembroek

အဝတ်သေတ္တာ

short

ဘောင်းဘီတို

trainingspak

အားကစားဝတ်စုံ

schort

ခါးစည်း အဝတ်

handschoenen

လက်အိတ်များ

knoop

ကြယ်သီး

bril

မျက်မှန်

armband

လက်ကောက်

ketting

လည်ဆွဲ

ring

လက်စွပ်

oorbel

နားကပ်

pet

ခေါင်းဆောင်း ဦးထုပ်

kapstok

ကုတ်အင်္ကျီ ချိတ်

hoed

ဦးထုပ်

das

နက်တိုင်

rits

ဇစ်

helm

ဟဲလ်မက်ခေါ် ခေါင်းဆောင်း

bretellen

သွားထိန်းများ

schooluniform

ကျောင်းဝတ်စုံ

uniform

ယူနီဖောင်းဝတ်စုံ

slabbetje
သွားရည်ခံ

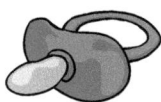

fopspeen
အရုပ်

luier
ကလးအနီး

kantoor
ရုံးခန်း

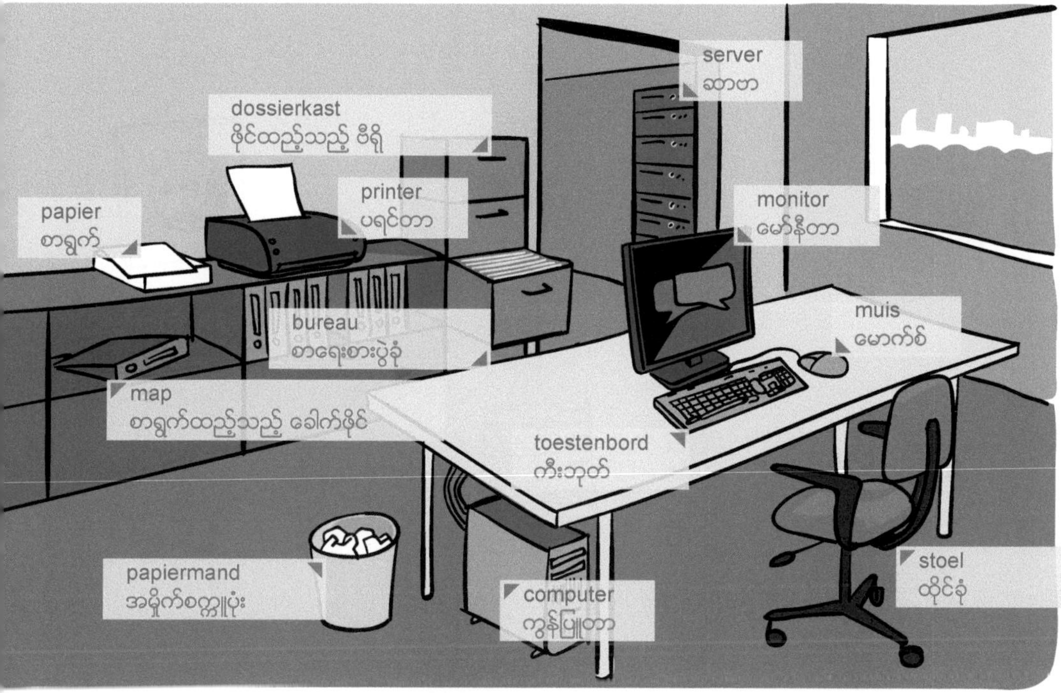

server
ဆာဗာ

dossierkast
ဖိုင်ထည့်သည့် ဗီရို

printer
ပရင်တာ

monitor
မော်နီတာ

papier
စာရွက်

muis
မောက်စ်

bureau
စာရေးစားပွဲခုံ

map
စာရွက်ထည့်သည့် ခေါက်ဖိုင်

toestenbord
ကီးဘုတ်

papiermand
အမှိုက်စက္ကူပုံး

stoel
ထိုင်ခုံ

computer
ကွန်ပြူတာ

koffiemok
ကော်ဖီ မတ်ခွက်

rekenmachine
ဂဏန်းတွက်စက်

internet
အင်တာနက်

laptop

ပေါင်ပေါ် တင်ရိုက်နိုင်သည့် ကွန်ပြူတာ

brief

စာ

bericht

မက်ဆေ့ချ်

gsm

မိုဘိုင်းဖုန်း

netwerk

ကွန်ရက်

kopieerapparaat

မိတ္တူကူးစက်

software

ဆော့ဖ်ဝဲရ်

telefoon

တယ်လီဖုန်း

stopcontact

ပလပ်ပေါက်

fax

ဖက်စ်ပို့ သည့် စက်

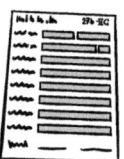

formulier

ပုံစံ

document

စာရွက်စာတမ်း

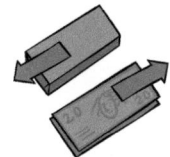

kopen

ဝယ်ယူသည်

betalen

ပေးအပ်သည်

handelen

ကုန်သွယ်သည်

geld

ပိုက်ဆံ

dollar

ဒေါ်လာ

euro

ယူရိုငွေ

yen

ယန်းငွေ

roebel

ရူဘယ်ငွေ

Zwitserse frank

ဆွစ်ဇာလန်နိုင်ငံသုံးငွေ

Chinese renminbi

ရမ်မင်ဘီ ယွမ်

roepie

ရူပီး

geldautomaat

ငွေချေသည့်နေရာ

wisselkantoor

ငွေလဲဌာန

goud

ရွှေ

zilver

ငွေ

olie

ဆီ

energie

စွမ်းအင်

prijs

ဈေးနှုန်း

contract

စာချုပ်

belasting

အခွန်

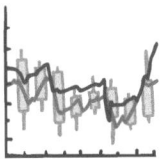

aandeel

စတော့ဈေးကွက်

werken

အလုပ်လုပ်သည်

werknemer

ဝန်ထမ်း

werkgever

အလုပ်ရှင်

fabriek

စက်ရုံ

winkel

ဆိုင်

beroepen
အလုပ်အကိုင်များ

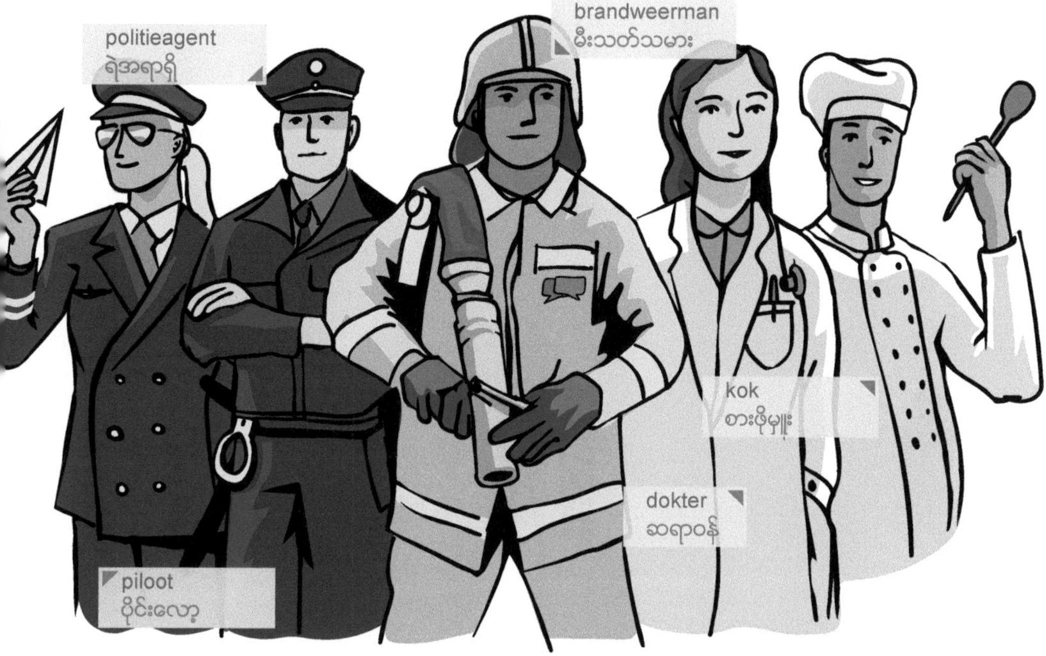

politieagent
ရဲအရာရှိ
brandweerman
မီးသတ်သမား
kok
စားဖိုမှူး
dokter
ဆရာဝန်
piloot
ပိုင်းလော့

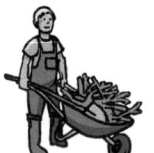

tuinman

မာလီ

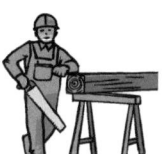

timmerman

လက်သမား

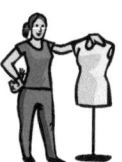

naaister

စက်ချုပ်သူ

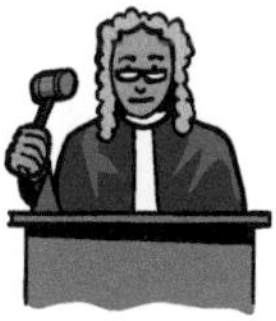

rechter

တရားသူကြီး

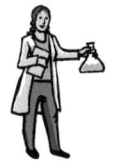

chemicus

ဓာတုဗေဒပညာရှင်

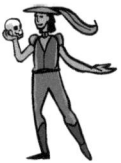

acteur

သရုပ်ဆောင်

buschauffeur

ဘတ်စ်ကားမောင်းသမား

taxichauffeur

တက်စီမောင်းသူ

visser

ငါးဖမ်းသမား

schoonmaakster

သန့်ရှင်းရေး အလုပ်သမ

dakdekker

အမိုးပြင်သူ

ober

စားပွဲထိုး

jager

အမဲလိုက်မုဆိုး

schilder

ဆေးသုတ်သမား သို့ မဟုတ်
ပန်းချီဆရာ

bakker

မုန့်ဖုတ်သမား

elektricien

လျှပ်စစ်ပညာရှင်

bouwvakker

ဆောက်လုပ်ရေးသမား

ingenieur

အင်ဂျင်နီယာ

slager

သားသတ်သမား

loodgieter

ပိုက်ဆက်ဆရာ

postbode

စာပို့သမား

soldaat

စစ်သား

architect

ဗိသုကာပညာရှင်

kassier

ငွေကိုင်

bloemist

ပန်းပညာရှင်

kapper

ဆံပင်အလှပြင်သူ

conducteur

လက်မှတ်စစ်

mecanicien

စက်ပြင်ဆရာ

kapitein

ကပ္ပတိန်

tandarts

သွားဘက်ဆိုင်ရာ ဆရာဝန်

wetenschapper

သိပ္ပံပညာရှင်

rabbijn

ရာဘိုင်

imam

မွတ်ဆလင် တရားဟောဆရာ

monnik

ဘုန်းကြီး

geestelijke

တရားဟောဆရာ

werktuigen
ကိရိယာ တန်ဆာပလာများ

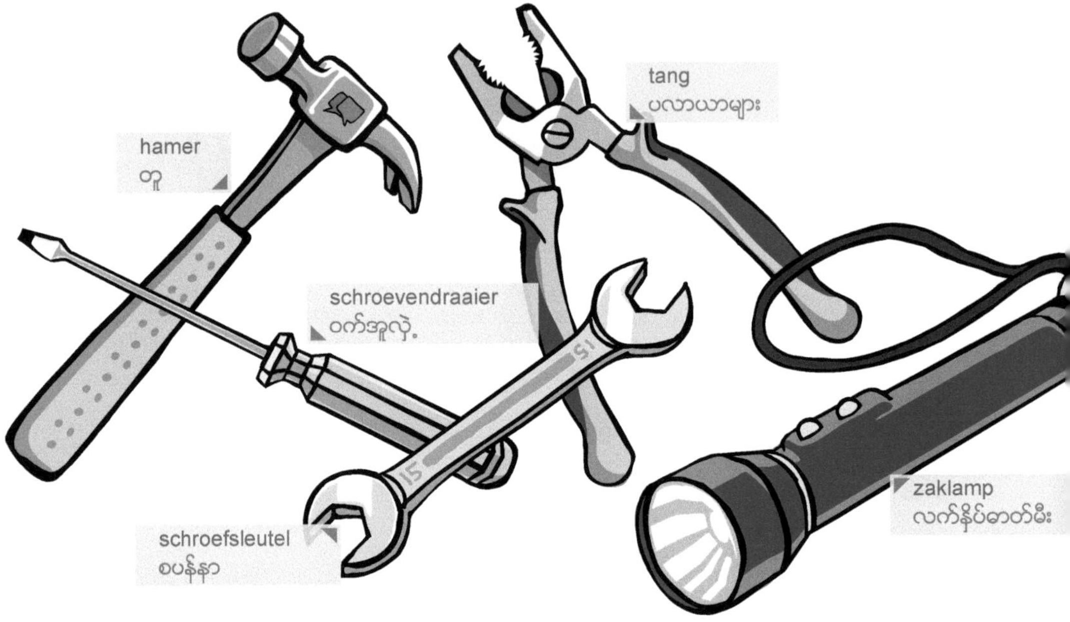
hamer
တူ
tang
ပလာယာများ
schroevendraaier
ဝက်အူလှဲ့
schroefsleutel
စပန်နာ
zaklamp
လက်နှိပ်ဓာတ်မီး

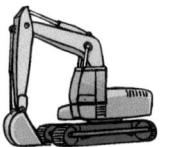

graafmachine

မြေတူးစက်

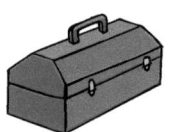

gereedschapskoffer

လက်သမားသုံးကိရိယာ သေတ္တာ

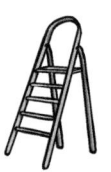

ladder

လှေကား

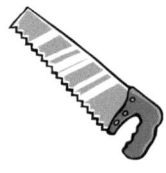

zaag

လွှ

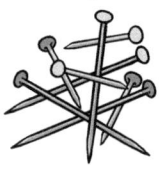

spijkers

လက်သည်းများ

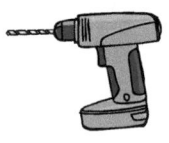

boormachine

အပေါက်ဖောက်စက်

repareren

ပြင်ဆင်သည်

schop

ဂေါ်ပြား

Verdomme!

ချီးတဲ့မှပဲ

blik

ဖုန်ကျိုးသည့် ဂေါ်ပြား

verfpot

ဆေးရောင်အိုး

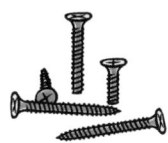

schroeven

ဝက်အူများ

muziekinstrumenten
ဂီတတူရိယာများ

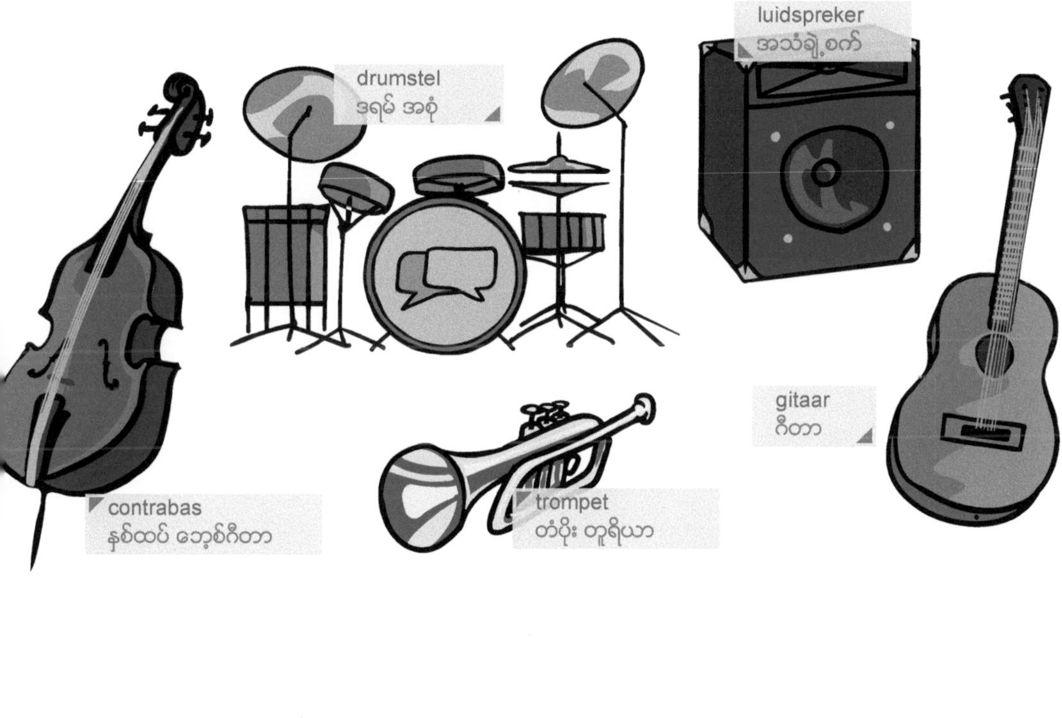

luidspreker
အသံချဲ့စက်

drumstel
ဒရမ် အစုံ

gitaar
ဂီတာ

contrabas
နှစ်ထပ် ဘော့စ်ဂီတာ

trompet
တံပိုး တူရိယာ

piano

စန္ဒယား

viool

တယော

basgitaar

ဘေ့စ်ဂီတာ

pauk

နားစည်အမြှေးပါး

trommels

ဒရမ်များ

keyboard

ကီးဘုတ် တူရိယာ

saxofoon

ဆက်ဆိုဖုန်း ခေါ်
လေမှုတ်တူရိယာ

fluit

ပုလွေ

microfoon

စကားပြောစက်

တိရိစ္ဆာန်ရုံ

tijger
ကျား

kooi
လှောင်အိမ်

zebra
မြင်းကျား

diereneten
တိရိစ္ဆာန် အစားအစာ

ingang
ဝင်ပေါက်

panda
ပင်ဒါ ဝက်ဝံ

dieren

တိရိစ္ဆာန်များ

olifant

ဆင်

kangoeroe

သားပိုက်ကောင်

neushoorn

ကြံ့

gorilla

ဂေါ်ရီလာမျောက်

beer

ဝက်ဝံ

kameel

ကုလားအုတ်

struisvogel

ငှက်ကုလားအုတ်

leeuw

ခြင်္သေ့

aap

မျောက်

flamingo

ဖလန်မင်းဂိုးငှက်

papegaai

ကြက်တူရွေး

ijsbeer

ပိုလာဝက်ဝံ

pinguïn

ပင်ဂွင်းငှက်

haai

ငါးမန်း

pauw

ဥဒေါင်းငှက်

slang

မြွေ

krokodil

မိချောင်း

dierenverzorger

တိရိစ္ဆာန်ရုံ ထိန်းသိမ်းသူ

zeehond

ဖျံ

jaguar

ကျားသစ်

pony

ပိုနီမြင်း

luipaard

ကျားသစ်

nijlpaard

ရေမြင်း

giraffe

သစ်ကုလားအုတ်

adelaar

သိန်းငှက်

wild zwijn

တောဝက်

vis

ငါး

zeeschildpad

လိပ်

walrus

ပင်လယ်ဖျံကြီး

vos

မြေခွေး

gazelle

ဦးချိုပါ သမင်ညိုတစ်မျိုး

sporten

အားကစားများ

rugby
အမေရိကန် ဖွတ်ဘော
wielrennen
စက်ဘီးစီးခြင်း
tennis
တင်းနစ်ရိုက်ခြင်း
basketbal
ဘတ်စကက်ဘော
ာ
zwemmen
ရေကူးခြင်း
boksen
လက်ဝှေ့
ijshockey
ရေခဲပြင် ဟော်ကီ

voetbal

ဘောလုံးကန်ခြင်း

badminton

ကြက်တောင်ရိုက်ခြင်း

atletiek

ကိုယ်လက်လှုပ်ရှား
အားကစားများ

handbal

ဟန်းဒ်ဘော ခေါ် လက်ပစ်ဘော

skiën

နှင်းလျှောစီးခြင်း

polo

ပိုလို

springen
ခုန်သည်

lachen
ရယ်မောသည်

knuffelen
ပွေ့ဖက်သည်

wandelen
လမ်းလျှောက်သည်

zingen
သီချင်းဆိုသည်

dromen
အိပ်မက်သည်

bidden
ဆုတောင်းသည်

kussen
နမ်းရှုပ်သည်

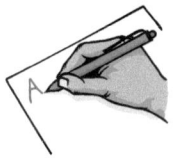

schrijven
စာရေးသည်

tekenen
ဖေးဆွဲသည်

tonen
ပြသသည်

duwen
တွန်းသည်

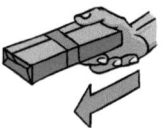

geven
ပေးသည်

nemen
ယူသည်

hebben

ရှိသည်

doen

ပြုလုပ်သည်

zijn

ဖြစ်သည်

staan

မတ်တပ်ရပ်သည်

lopen

ပြေးသည်

trekken

ဆွဲသည်

gooien

ပစ်သည်

vallen

လဲကျသည်

liggen

လိမ်လည်သည်သည်

wachten

စောင့်ဆိုင်းသည်

dragen

သယ်ဆောင်သည်

zitten

ထိုင်သည်

aankleden

အဝတ်အစားဝတ်သည်

slapen

အိပ်သည်

ontwaken

အိပ်ယာမှ ထသည်

kijken naar

တစ်ခုခုကို ကြည့်ရှုသည်

wenen

ငိုသည်

aaien

ပွတ်သပ်သည်

kammen

ဘီးဖီးသည်

praten

စကားပြောသည်

begrijpen

နားလည်သည်

vragen

မေးသည်

luisteren

နားထောင်သည်

drinken

သောက်သည်

eten

စားသည်

opruimen

သပ်ရပ်အောင်လုပ်သည်

houden van

ချစ်သည်

koken

ချက်ပြုတ်သည်

rijden

မောင်းသည်

vliegen

ပျံသန်းသည်

zeilen

ရွက်လွှင့်သည်

rekenen

တွက်ပါ

Lezen

ဖတ်သည်

leren

သင်ယူသည်

werken

အလုပ်လုပ်သည်

trouwen

လက်ထပ်သည်

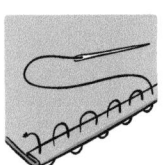

naaien

အပ်ချုပ်သည်

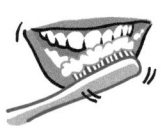

tandenpoetsen

သွားတိုက်သည်

doden

သတ်သည်

roken

ဆေးလိပ်သောက်သည်

sturen

ပို့သည်

familie
မိသားစု

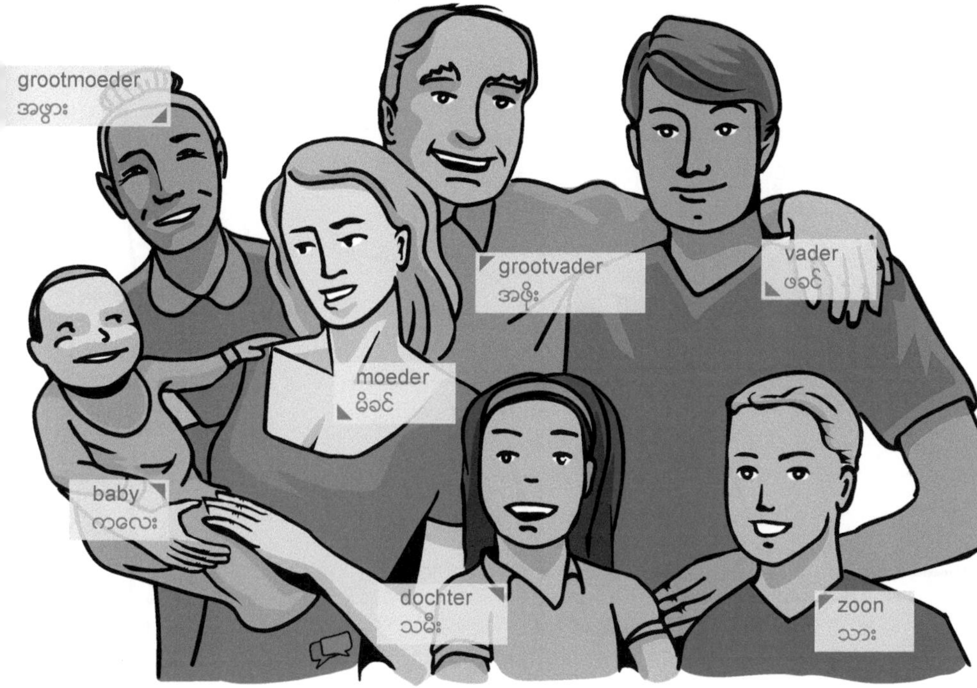
grootmoeder
အဖွား
grootvader
အဖိုး
vader
ဖခင်
moeder
မိခင်
baby
ကလေး
dochter
သမီး
zoon
သား

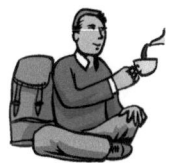

gast

ဧည့်သည်

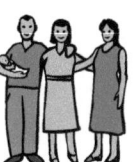

tante

အဒေါ်

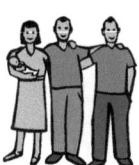

oom

ဦးလေး

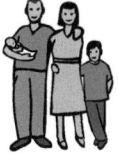

broer

အစ်ကို

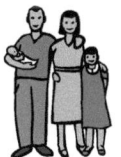

zus

အစ်မ

lichaam
ကိုယ်ခန္ဓာ

voorhoofd
နဖူး
oog
မျက်လုံး
schouder
ပုခုံး
vinger
လက်ချောင်း
gezicht
မျက်နှာ
kin
မေးစေ့
hand
လက်
borst
ရင်သား
been
ခြေသလုံး
arm
လက်မောင်း

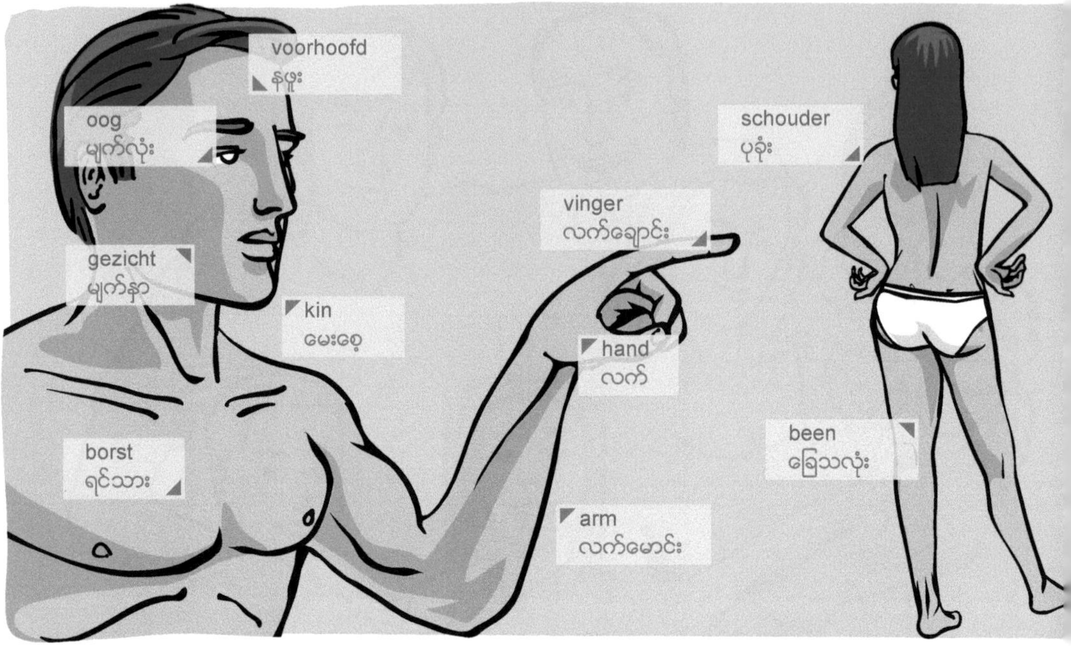

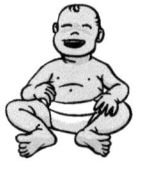

baby
ကလေး

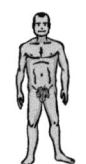

man
ယောက်ျားကြီး

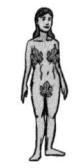

vrouw
အမျိုးသမီးကြီး

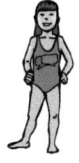

meisje
မိန်းကလေး

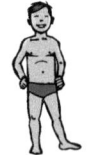

jongen
ယောက်ျားလေး

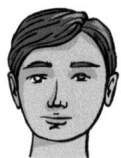

hoofd
ဦးခေါင်း

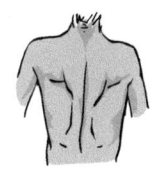

rug

နောက်ကျော

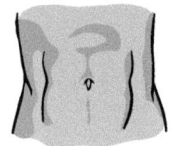

buik

ဗိုက်

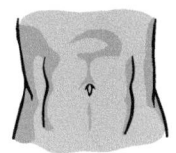

navel

ချက်

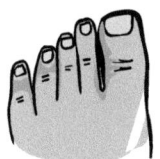

teen

ခြေချောင်း

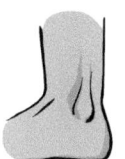

hiel

ဖနောင့်

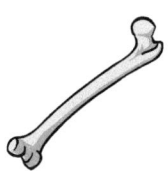

bot

အရိုး

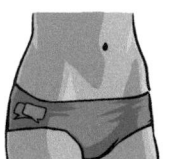

heup

တင်ရိုး

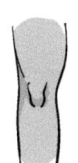

knie

ဒူးခေါင်း

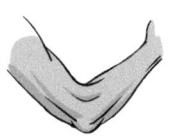

elleboog

တံတောင်ဆစ်

neus

နာခေါင်း

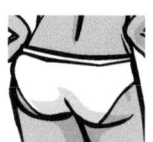

zitvlak

တင်ပါး

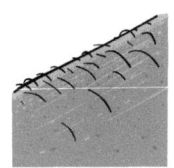

huid

အရေပြား

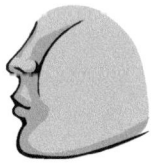

wang

ပါးပြင်

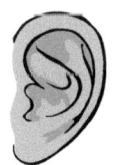

oor

နား

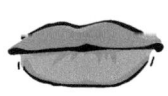

lip

နှုတ်ခမ်း

mond

ပါးစပ်

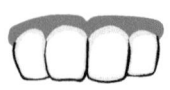

tand

သွား

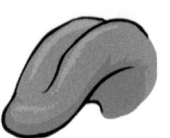

tong

လျှာ

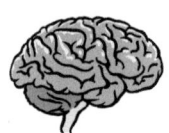

hersenen

ဦးနှောက်

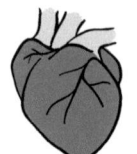

hart

နှလုံး

spier

ကြွက်သား

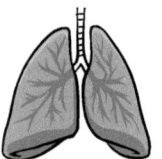

long

အဆုတ်

lever

အသည်း

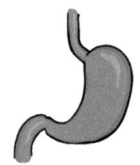

maag

အစာအိမ်

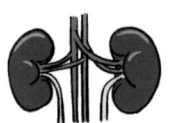

nieren

ကျောက်ကပ်များ

seks

လိင်

condoom

ကွန်ဒုံး

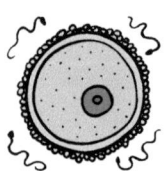

eicel

သားဥ

sperma

သုတ်ရည်

zwangerschap

ကိုယ်ဝန်

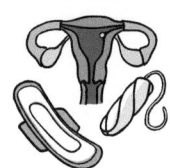

menstruatie

ဓမ္မတာလာခြင်း

vagina

မိန်းမကိုယ်

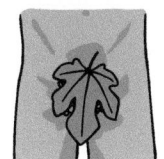

penis

လိင်တံ

wenkbrauw

မျက်ခုံး

haar

ဆံပင်

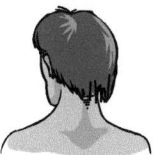

nek

လည်ပင်း

ziekenhuis
ဆေးရုံ

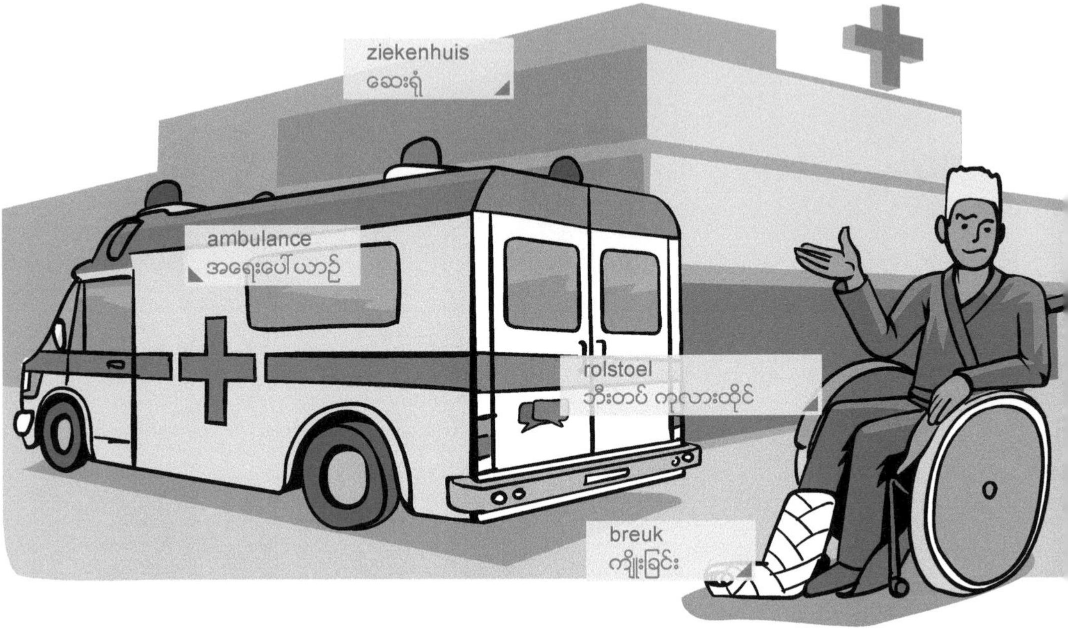

ziekenhuis
ဆေးရုံ
ambulance
အရေးပေါ်ယာဉ်
rolstoel
ဘီးတပ် ကုလားထိုင်
breuk
ကျိုးခြင်း

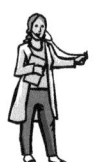

dokter

ဆရာဝန်

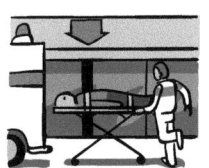

spoed

အရေးပေါ် ဆေးကုသခန်း

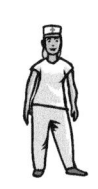

verpleegkundige

သူနာပြု

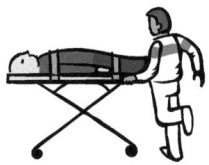

noodgeval

အရေးပေါ်

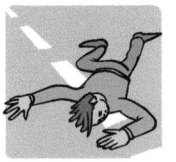

bewusteloos

သတိလစ်ခြင်း

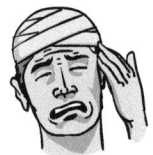

pijn

နာခြင်း

verwonding

ဒဏ်ရာ

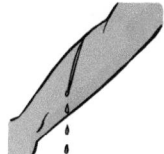

bloeding

သွေးယိုထွက်ခြင်း

hartaanval

နှလုံးရပ်ခြင်း

beroerte

လေဖြတ်ခြင်း

allergie

ဓာတ်မတည့်ခြင်း

hoest

ချောင်းဆိုးခြင်း

koorts

အဖျား

griep

တုတ်ကွေးရောဂါ

diarree

ဝမ်းပျက်ဝမ်းလျှောခြင်း

hoofdpijn

ခေါင်းကိုက်ခြင်း

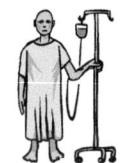

kanker

ကင်ဆာရောဂါ

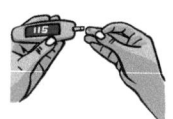

diabetes

ဆီးချိုရောဂါ

chirurg

ခွဲစိတ်ဆရာဝန်

scalpel

ခွဲစိတ်ခန်းသုံးဓါးပါး

operatie

ခွဲစိတ်ခြင်း

CT

စီတီ

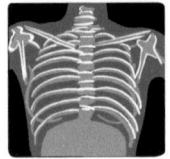

röntgenstraal

ဓာတ်မှန်

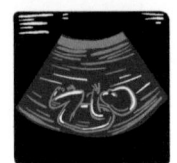

ultrageluid

အာထရာေဆာင်း

gezichtsmasker

မျက်နှာဖုံး

ziekte

ရောဂါ

wachtkamer

စောင့်ဆိုင်းရန် အခန်း

kruk

ချိုင်းထောက်

pleister

ပလာစတာ

verband

ပတ်တီး

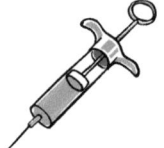

injectie

ထိုးဆေး

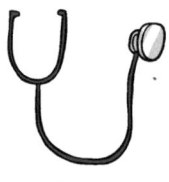

stethoscoop

နားကြပ်

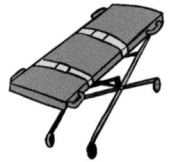

brancard

လူနာတင်ထမ်းစင်

thermometer

ကုသရေးပိုင်းသုံး
အပူချိန်တိုင်းသာမိုမီတာ

geboorte

မွေးဖွားခြင်း

overgewicht

အဝလွန်ခြင်း

hoorapparaat
နားကြားကိရိယာ

ontsmettingsmiddel
ပိုးသတ်ဆေး

infectie
ရောဂါကူးစက်ခြင်း

virus
ဗိုင်းရပ်စ်ပိုး

HIV / AIDS
အိတ်ချ်အိုင်ဗွီ /
အေအိုင်ဒီအက်စ်

medicijn
ဆေးဝါး

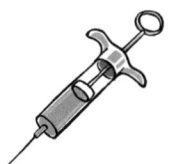

vaccinatie
ကာကွယ်ဆေးထိုးခြင်း

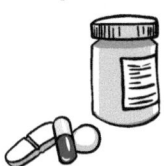

tabletten
ဆေးလုံးများ

pil
ဆေးလုံး

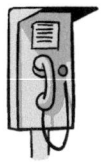

noodoproep
အရေးပေါ် ဖုန်းခေါ်ဆိုမှု

bloeddrukmeter
သွေးဖိအား စောင့်ကြည့်သည့်
ကိရိယာ

ziek / gezond
နာမကျန်းသော / ကျန်းမာသော

Help!

ကူညီကြပါ။

alarm

အရေးပေါ် ခေါင်းလောင်း

overval

ရိုက်နက်သည်

aanval

တိုက်ခိုက်သည်

gevaar

အန္တရာယ်

nooduitgang

အရေးပေါ် ထွက်ပေါက်

Brand!

မီး။

brandblusser

မီးသတ်ဘူး

ongeval

မတော်တဆဖြစ်ရပ်

EHBO-kit

ကြက်ခြေနီ ဆေးပုံး

SOS

အက်စ်အိုအက်စ်

politie

ရဲ

Europa

ဥရောပတိုက်

Noord-Amerika

မြောက်အမေရိကတိုက်

Zuid-Amerika

တောင်အမေရိကတိုက်

Afrika

အာဖရိကတိုက်

Azië

အာရှတိုက်

Australië

သြစတြေးလျတိုက်

Atlantische Oceaan

အတ္တလန္တိတ် သမုဒ္ဒရာ

Stille Oceaan

ပစိဖိတ် သမုဒ္ဒရာ

Indische Oceaan

အိန္ဒိယ သမုဒ္ဒရာ

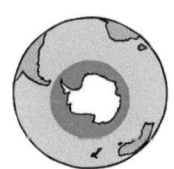

Antarctische Oceaan

အန္တာတိတ် သမုဒ္ဒရာ

Arctische Oceaan

အာတိတ် သမုဒ္ဒရာ

Noordpool

မြောက်ဝင်ရိုးစွန်း

Zuidpool

တောင်ဝင်ရိုးစွန်း

Antarctica

အန္တာတိကတိုက်

aarde

ကမ္ဘာမြေကြီး

land

ကုန်းမြေ

zee

ပင်လယ်

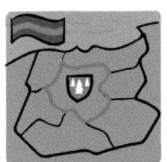

eiland

ကျွန်း

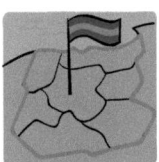

natie

နိုင်ငံကူးလက်မှတ်

staat

ပြည်နယ်

klok

နာရီ

wijzerplaat

နာရီမျက်နာပြင်

uurwijzer

နာရီလက်တံ

minuutwijzer

မိနစ်လက်တံ

secondewijzer

ဒုတိယလက်တံ

Hoe laat is het?

ဘယ်အချိန်ရှိပြီလဲ။

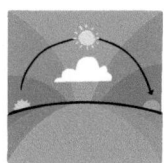

dag

ရက်

tijd

အချိန်

nu

ယခု

digitale horloge

ဒစ်ဂျစ်တယ် လက်ပတ်နာရီ

minuut

မိနစ်

uur

နာရီ

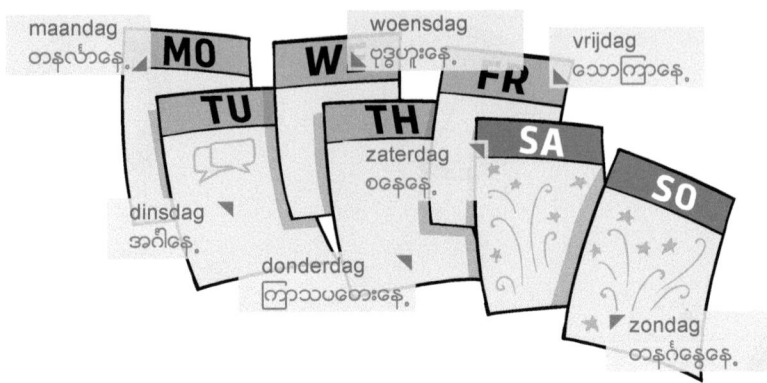

maandag
တနင်္လာနေ့

woensdag
ဗုဒ္ဓဟူးနေ့

vrijdag
သောကြာနေ့

dinsdag
အင်္ဂါနေ့

donderdag
ကြာသပတေးနေ့

zaterdag
စနေနေ့

zondag
တနင်္ဂနွေနေ့

gisteren

မနေ့က

vandaag

ယနေ့

morgen

မနက်ဖြန်

ochtend

မနက်

middag

နေ့လည်

avond

ညနေ

werkdagen

အလုပ်လုပ်ရက်များ

weekend

စနေ တနင်္ဂနွေ အားလပ်ရက်

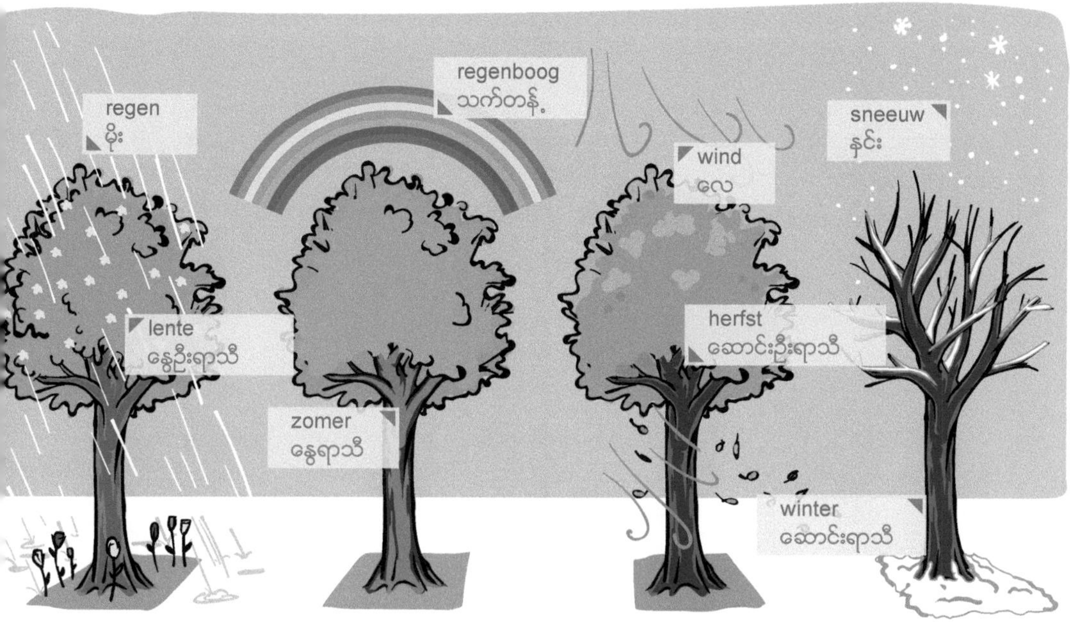

regen
မိုး
regenboog
သက်တန့်
sneeuw
နှင်း
wind
လေ
lente
နွေဦးရာသီ
herfst
ဆောင်းဦးရာသီ
zomer
နွေရာသီ
winter
ဆောင်းရာသီ

4.APRIL 11°
5.APRIL 4°
6.APRIL 13°
7.APRIL 8°
8.APRIL 10°

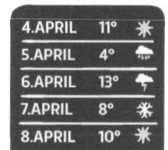

weervoorspelling

းလေဝသ ကြိုတင်ခန့်မှန်းချက်

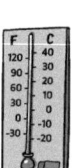

F
C

thermometer

အပူချိန်ပိုင်း ကိရိယာ

zonneschijn

နေရောင်ခြည်

wolk

တိမ်

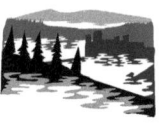

mist

မြူ

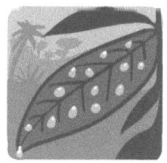

vochtigheid

စိုထိုင်းဆ

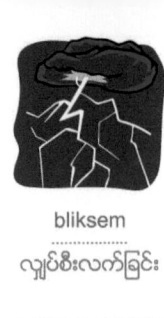

bliksem

လျှပ်စီးလက်ခြင်း

donder

မိုးကြိုး

storm

မုန်တိုင်း

hagel

မိုးသီး

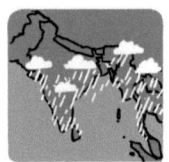

moesson

မိုးရာသီ

overstroming

ရေကြီးခြင်း

ijs

ရေခဲ

januari

ဇန်နဝါရီလ

februari

ဖေဖော်ဝါရီလ

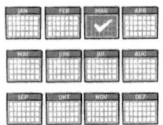

maart

မတ်လ

april

ဧပြီလ

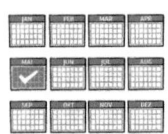

mei

မေလ

juni

ဇွန်လ

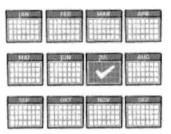

juli

ဇူလိုင်လ

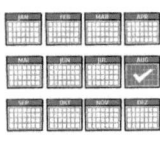

augustus

သြဂုတ်လ

82   jaar - နှစ်

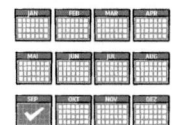

september
⋯⋯⋯⋯⋯
စက်တင်ဘာလ

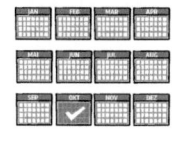

oktober
⋯⋯⋯⋯⋯
အောက်တိုဘာလ

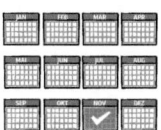

november
⋯⋯⋯⋯⋯
နိုဝင်ဘာလ

december
⋯⋯⋯⋯⋯
ဒီဇင်ဘာလ

vormen
ပုံစံများ

cirkel
⋯⋯⋯⋯⋯
စက်ဝိုင်း

kwadraat
⋯⋯⋯⋯⋯
စတုရန်း

rechthoek
⋯⋯⋯⋯⋯
ထောင့်မှန်စတုဂံ

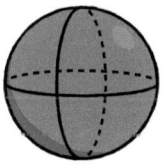

driehoek
⋯⋯⋯⋯⋯
တြိဂံ

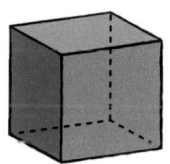

bol
⋯⋯⋯⋯⋯
စက်ဝန်း

kubus
⋯⋯⋯⋯⋯
အတုံး

wit

အဖြူရောင်

geel

အဝါရောင်

oranje

လိမ္မော်ရောင်

roze

ပန်းရောင်

rood

အနီရောင်

paars

ခရမ်းရောင်

blauw

အပြာရောင်

groen

အစိမ်းရောင်

bruin

အညိုရောင်

grijs

မီးခိုးရောင်

zwart

အနက်ရောင်

veel / weinig

အများအပြား / အနည်းငယ်

boos / kalm

စိတ်ဆိုးသော /
စိတ်တည်ငြိမ်သော

mooi / lelijk

လှပသော / ရုပ်ဆိုးသော

begin / einde

အစ / အဆုံး

groot / klein

အကြီးသော / အငယ်

licht / donker

တောက်ပသော / မှောင်မဲသော

broer / zus

ညီအစ်ကို / ညီအစ်မ

proper / vuil

သန့်ရှင်းသော / ညစ်ပတ်သော

volledig / onvolledig

ပြည့်စုံသော / မပြည့်စုံသော

dag / nacht

နေ့ / ည

dood / levend

သေသော / ရှင်သော

breed / smal

ကျယ်သော / ကျဉ်းသော

eetbaar / oneetbaar

စားသုံးနိုင်သော /
မစားသုံးနိုင်သော

kwaadaardig / vriendelijk

စိတ်ယုတ်သော / ကြင်နာသော

opgewonden / verveeld

စိတ်လှုပ်ရှားဖွယ် / ပျင်းရိဖွယ်

dik / dun

ဝသော / ပိန်သော

eerst / laatst

ပထမ / နောက်ဆုံးပိတ်

vriend / vijand

မိတ်ဆွေ / ရန်သူ

vol / leeg

အပြည့် / ဘာမှမရှိ

hard / zacht

မာသော / ပျော့သော

zwaar / licht

လေးလံသော / ပေါ့ပါးသော

honger / dorst

ဗိုက်ဆာလောင်သော / ရေဆာသော

ziek / gezond

နာမကျန်းသော / ကျန်းမာသော

illegaal / legaal

တရားမဝင်သော /
တရားဝင်သော

intelligent / dom

ဉာဏ်ကောင်းသော /
ထိုင်းသော

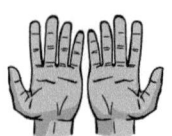

links / rechts

ဘယ် / ညာ

dichtbij / veraf

နီးသော / ဝေးသော

nieuw / gebruikt

အသစ် / အသုံးပြုပြီးသား

niets / iets

ဘာမှမရှိ / တစ်ခုခု

oud / jong

အသက်ကြီးသော / ငယ်ရွယ်သော

aan / uit

ဖွင့်သော / ပိတ်သော

open / dicht

ဖွင့်သော / ပိတ်သော

stil / luid

တိတ်ဆိတ် / ကျယ်လောင်

rijk / arm

ချမ်းသာ / ဆင်းရဲ

juist / fout

အမှန် / အမှား

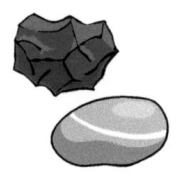

ruw / glad

ကြမ်းတမ်း / ချောမွေ့

droevig / blij

ဝမ်းနည်း / ဝမ်းသာ

kort / lang

အတို / အရှည်

traag / snel

အနေး / အမြန်

nat / droog

စွတ်သော / ခြောက်သွေ့သော

warm / koud

နွေးထွေးသော / အေးမြသော

oorlog / vrede

စစ် / ငြိမ်းချမ်းရေး

0

nul

သုည

1

één

တစ်

2

twee

နှစ်

3

drie

သုံး

4

vier

လေး

5

vijf

ငါး

6

zes

ခြောက်

7

zeven

ခုနစ်

8

acht

ရှစ်

9

negen

ကိုး

10

tien

တစ်ဆယ်

11

elf

ဆယ့်တစ်

12

twaalf

ဆယ့်နှစ်

13

dertien

ဆယ့်သုံး

14

veertien

ဆယ့်လေး

15

vijftien

ဆယ့်ငါး

16

zestien

ဆယ့်ခြောက်

17

zeventien

ဆယ့်ခုနစ်

18

achtien

ဆယ့်ရှစ်

19

negentien

ဆယ့်ကိုး

20

twintig

နှစ်ဆယ်

100

honderd

ရာ

1.000

duizend

ထောင်

1.000.000

miljoen

မီလျံ

ဘာသာစကားများ

Engels

အင်္ဂလိပ် ဘာသာစကား

Amerikaans Engels

အမေရိကန် အင်္ဂလိပ် ဘာသာစကား

Chinees (Mandarijn)

တရုတ် မန်ဒရင်း ဘာသာစကား

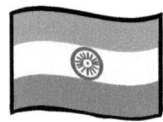

Hindi

ဟိန္ဒူ ဘာသာစကား

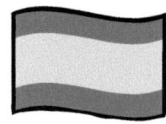

Spaans

စပိန် ဘာသာစကား

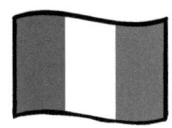

Frans

ပြင်သစ် ဘာသာစကား

Arabisch

အာရဗီ ဘာသာစကား

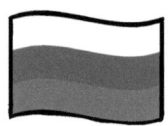

Russisch

ရုရှ ဘာသာစကား

Portugees

ပေါ် တူဂီ ဘာသာစကား

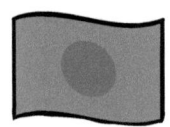

Bengali

ဘင်္ဂလီ ဘာသာစကား

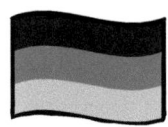

Duits

ဂျာမန် ဘာသာစကား

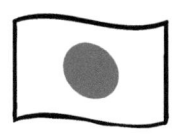

Japans

ဂျပန် ဘာသာစကား

ik

ကျွန်ုပ်

u

သင်

hij / zij / het

သူ / သူမ / ၄င်း

wij

ကျွန်ုပ်တို့

u

သင်တို့

ze

သူတို့

wie?

ဘယ်သူလဲ။

wat?

ဘာလဲ။

hoe?

ဘယ်လိုလဲ။

waar?

ဘယ်နေရာလဲ။

wanneer?

ဘယ်အချိန်လဲ။

naam

အမည်

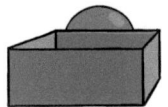

achter

အနောက်ဖက်

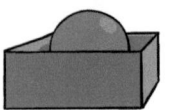

in

အတွင်း

voor

အရှေ့ဖက်

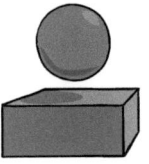

boven

အထက်ဖက်

op

အပေါ်ဖက်

onder

အောက်ဖက်

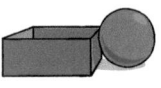

naast

ဘေးဖက်

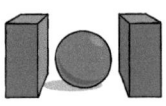

tussen

ကြား

plaats

နေရာ